Carolin Philipps
Die Mutprobe

AF216824

Carolin Philipps

DIE MUTPROBE

Hase und Igel®

Für Lehrkräfte gibt es zu diesem Buch
ausführliches Begleitmaterial beim Hase und Igel Verlag.
Außerdem liegt es in einer gekürzten, in größerer Schrift
gesetzten Fassung vor (ISBN 978-3-86760-542-7).

Dieses Buch erschien erstmals 2001.
Es wurde für die vorliegende Ausgabe aktualisiert und farbig illustriert.

© 2001 / 2024 Hase und Igel Verlag GmbH, Frei-Otto-Straße 18,
80797 München, service@hase-und-igel.de
www.hase-und-igel.de
Lektorat: Patrik Eis
Illustrationen: Petra Dorkenwald
Satz: Sieveking Agentur, München
Druck: Grafisches Centrum Cuno GmbH & Co. KG, Gewerbering West 27,
39240 Calbe (Saale), info@cunodruck.de

ISBN 978-3-86760-010-1
20. Auflage 2026

I

„Als ich in deinem Alter war, habe ich meine Puppe mit in die Schule genommen!", schrie Kristinas Mutter wütend und fuchtelte mit der Spraydose vor der Nase ihrer Tochter herum. „Und was ist das hier!?"

„Reizgas", sagte Kristina.

Die Mutter holte mit der Hand aus, aber Kristina war schneller. Sie duckte sich und lief aus dem Zimmer.

„Geh frühstücken und dann los zur Schule!", rief die Mutter ihr nach. „Sonst kommst du wieder zu spät. Dass mir da keine weiteren Klagen zu Ohren kommen. Wir unterhalten uns heute Abend."

Kristina verzog das Gesicht. Frühstücken! Ihr war der Appetit vergangen. Zu dumm, dass ihre Mutter die Dose mit dem Reizgas gefunden hatte. Dabei wusste Kristina nicht einmal, ob sie das Gas bei einem Überfall von Jonas und seinen Freunden wirklich benutzt hätte. Aber es zu besitzen, hatte sie wenigstens etwas beruhigt.

Die Dose hatte sie vor nicht einmal zwei Tagen bekommen. Sie hatte sie in ihrer Schultasche versteckt. Wer konnte denn schon ahnen, dass ihre Mutter ausgerechnet an diesem Morgen so früh aufstand, ihr ein Butterbrot schmierte und es höchstpersönlich in die

Tasche packte? Das machte sie sonst nie. Sie schlief meist noch, wenn Kristina aufstand. Schließlich kam sie erst spät in der Nacht von ihrer Arbeit in einer Kneipe in der Innenstadt nach Hause.

Daher war Kristina es schon lange gewohnt, sich das Frühstück selbst zu machen. Oft aß sie gar nichts, manchmal trank sie nur ein Glas Cola und ging dann zur Schule. Ab und zu kamen Sendungen im Fernsehen, in denen es hieß, wie wichtig ein gesundes Frühstück für das Lernen sei. Fast immer nach solchen Sendungen oder Zeitungsartikeln packte die Mutter das schlechte Gewissen. In den folgenden Wochen gab es meist Müsli mit Obst zum Frühstück und für die Schule Gurken, Paprikastreifen oder Möhren, alles gesunde Sachen, die Kristina aber nicht so gern mochte.

Kristina füllte sich eine Riesenportion Müsli in ihre Schale und schlürfte sie hinunter, damit die Mutter zufrieden war. Dann holte sie ihre Schultasche.

„Die Dose gehört nicht mir. Ein Freund hat sie mir geliehen. Ich muss sie zurückgeben", versuchte sie die Mutter zu überreden.

„Vergiss es. Dieser Freund kann die Dose bei mir abholen. Wie heißt er überhaupt? Und woher kennst du ihn? Vielleicht sollte ich besser mit seinen Eltern sprechen."

Kristina gab auf. Sie zog die Wohnungstür mit einem Knall hinter sich zu und rannte die Treppen hinunter. Die Vorstellung, dass sie mit zwölf Jahren noch eine Puppe in die Schultasche stecken sollte, fand sie zu komisch. Trotzdem war ihr nicht nach Lachen zumute.

Was sollte sie bloß Tobias sagen? Hatte er sie nicht extra ermahnt, die Dose gut zu verstecken? Und jetzt wollte ihre Mutter auch noch mit seinen Eltern reden.

Draußen war es noch dunkel. Kristina spähte nach allen Seiten. Sie machte drei Schritte, dann lief sie zurück in den Schutz der Haustür. Eine Katze schlich vorbei. Kristina zuckte zusammen. Mit dem Reizgas in der Tasche hätte sie sich jetzt sicherer gefühlt. Sie ärgerte sich über sich selbst. Eigentlich war sie kein ängstlicher Mensch, aber was sie in den letzten Tagen erlebt hatte, ließ sie vorsichtig werden.

Zwanzig vor acht. Sie würde schon wieder zu spät kommen und ihr Lehrer hatte gedroht, beim nächsten Mal sofort ihre Mutter anzurufen. Kristina biss die Zähne zusammen und rannte los.

An diesem Morgen hatte sie Glück. Es regnete in Strömen und so kam sie bis zur Schule, ohne aufgehalten zu werden. Der Lehrer hatte sich ebenfalls verspätet, sodass es nicht weiter auffiel, dass sie mal wieder unpünktlich war. Auch mittags nach der Schule gelangte sie ohne Probleme nach Hause.

Nach dem Essen saß Kristina wie so oft auf ihrem Fensterplatz, ihre Ratte Sina auf dem Schoß, und schaute auf die Straße. Draußen spielten die Kinder. Sie konnte sie durch ihr Fernglas genau beobachten. Wie gerne wäre sie jetzt dort unten gewesen und hätte mitgespielt.

Aber draußen spielen durfte sie schon lange nicht mehr – seit dem Tag, an dem in der Zeitung ein langer Artikel über dieses Viertel erschienen war.

Kristina konnte sich nur noch an einzelne Satzfetzen erinnern: *Straßen voller Müllberge … Vandalismus … klauende Kinder- und Jugendbanden … Geschäftsinhaber schließen ihre Läden … Nachts ist man nicht mehr sicher …*

Die Reaktion ihrer Mutter hatte sie noch genau vor Augen: Wort für Wort hatte sie den Artikel gelesen – und ihre Augen waren immer größer geworden.

Am nächsten Morgen schon hatte Kristinas Mutter eine weitere Schicht übernommen. So schnell wie möglich wollte sie genug Geld für eine Wohnung in einem anderen Viertel verdienen.

Kristina wusste, die Mutter tat das alles nur für sie. Aber sie wünschte sich, sie hätte wie früher mehr Zeit.

Selbst wenn die Mutter jetzt zu Hause war, war sie sehr oft gereizt und Kristina konnte ihr noch nicht einmal böse deswegen sein. Sie sah ja, wie müde die Mutter war.

Und weil sie das alles wusste, tat sie, was die Mutter von ihr erwartete: Kristina blieb in der Wohnung.

Anfangs hatte es ihr noch nicht so viel ausgemacht. Es regnete viel und sie probierte stundenlang Computerspiele aus, die ihre Mutter ihr mitbrachte. Niemand besaß so viele Spiele wie sie.

Aber immer öfter wanderte ihr Blick vom Computer zum Fenster. Die Sonne schien und sie konnte das Schreien und Lachen der Kinder draußen hören. Sie fühlte sich wie eine Gefangene. Es machte ihr keinen Spaß mehr, Autorennen zu fahren, Geheimnisse in dunklen Gängen zu erforschen oder gegen Monster zu kämpfen.

Sie saß am Fenster und schaute hinunter, dorthin, wo die anderen waren. Ihre Mutter würde es ja nicht einmal merken, wenn sie für ein paar Stunden die Wohnung verließ. Jeden Tag gegen acht Uhr abends rief sie an. Dann war die erste Schicht zu Ende und die zweite begann. Es würde reichen, wenn sie um acht Uhr wieder zu Hause war. Aber noch traute sich Kristina nicht.

Immerhin hatte die Mutter nach langem Betteln erlaubt, dass Kristina sich die Ratte kaufte. Einen Hamster oder ein Meerschweinchen hätte sie längst haben dürfen, aber eine Ratte? Die Mutter hatte sich vor Ekel geschüttelt, als Kristina die Idee das erste Mal geäußert hatte. Kristina wusste jedoch, dass ihre Mutter ihr am Ende alles erlauben würde. Hauptsache, es hielt sie in der Wohnung.

Seit drei Wochen lebte Sina nun schon bei ihnen. Sie war so süß: weiß mit einem schwarzen Fleck auf dem Kopf. Sie kannte Kristina genau. Wenn Kristina morgens aufwachte, saß Sina in ihrem Käfig und schaute sie mit ihren großen, schwarzen Augen an.

Sobald Kristina sich bewegte, fiepte sie leise. Dann holte Kristina die Ratte aus dem Käfig. Sie kuschelte sich an sie und sie frühstückten zusammen.

Zum Glück stand ihre Mutter erst später auf. So bekam sie nicht mit, dass die beiden gemeinsam am Tisch saßen und aßen. Sina hatte ihre eigenen Schälchen für Milch und Zwieback, aber am liebsten knabberte sie an Kristinas Brot. Kristina fand, dass Sina viel bessere Tischmanieren hatte als so manche ihrer Schulkameraden. Aber die Mutter würde das nicht überzeugen. Da war sich Kristina ganz sicher.

Wenn ihre Mutter zu Hause war und nicht schlief, musste Sina die ganze Zeit in den Käfig. Waren sie

jedoch allein, und das waren sie ja meistens, lief sie frei in der Wohnung herum. Wenn Kristina vor dem Fernseher saß, hockte sie auf ihrer Schulter und kuschelte sich an ihren Kopf. Sina war ihre beste Freundin, weil sie immer Zeit hatte, ihr zuzuhören.

Kristina streichelte Sinas Kopf und seufzte. Es gab Tage, da half ihr auch die Ratte nicht über die Langeweile hinweg. Tage, an denen die Sekunden, Minuten und Stunden kein Ende nehmen wollten.

Den ganzen Tag überlegte Kristina, wie sie ihrer Mutter die Sache mit dem Reizgas erklären sollte. Es musste eine gute Erklärung sein, sonst durfte sie in Zukunft womöglich nicht einmal mehr allein zur Schule gehen.

Ihr war noch nichts eingefallen, als abends gegen acht Uhr die Wohnungsstür geöffnet wurde. Erschrocken lief sie in den Flur. Es war ihre Mutter, die sich extra freigenommen hatte, um mit ihr zu reden.

Das Gespräch mit der Mutter wurde dann nicht so schlimm, wie Kristina befürchtet hatte. Die Mutter weinte und Kristina musste versprechen, vorsichtig zu sein. Sie erzählte, sie habe die Dose von einem Schulfreund, damit sie sich im Notfall wehren könne, wenn sie mal angegriffen würde – was ja auch die Wahrheit war.

Die Mutter jammerte wieder über die schlechte Gegend, in der Kinder sich schon bewaffnen müssten, um heil zur Schule zu kommen. „Aber wir werden es schaffen, Kristina. Wir kommen hier raus!"

Kristina schwieg. Sie wusste gar nicht, ob sie hier rauswollte. Das behielt sie jedoch lieber für sich. Sie wollte ihre Mutter nicht unnötig verärgern.

Früher hatten sie häufiger miteinander geredet, aber jetzt hatte Kristina oft das Gefühl, ihre Mutter wusste gar nicht mehr, was wirklich wichtig für sie war. Alles musste schnell gehen und möglichst ohne große Diskussionen.

Wenn ihre Mutter dann doch einmal Zeit hatte und mit ihr reden wollte, wusste Kristina gar nicht, was sie sagen sollte. Ihre Mutter und sie lebten seit einiger Zeit verschiedene Leben und keine wusste mehr so richtig, was die andere machte.

Immerhin wurde es noch ein ganz gemütlicher Abend, an dem beide seit langer Zeit mal wieder zusammen vor dem Fernseher saßen, Chips aßen und Saft tranken. Die Mutter versprach, weniger zu arbeiten, sobald sie eine neue Wohnung gefunden habe. „Dann wird alles besser!", sagte sie. „Hauptsache, wir sind erst mal raus aus dieser Gegend."

Kristina nickte, obwohl sie gerade anfing, diese Gegend ganz spannend zu finden.

2

Angefangen hatte es vor drei Tagen, als sie am Nachmittag wie immer allein zu Hause gewesen war. Wenn Kristina mittags aus der Schule kam, war ihre Mutter meist schon weg. Manchmal hatte sie gekocht, aber häufig machte Kristina sich irgendetwas in der Mikrowelle warm. Oder sie fand auf dem Küchentisch Geld und eine Einkaufsliste. Dann musste sie erst noch einkaufen gehen. Aber das machte ihr nichts aus. Daran war sie gewöhnt. Sie kannte es nicht anders.

An jenem Tag hatte die Mutter es wohl sehr eilig gehabt. Jedenfalls fand Kristina weder irgendetwas Essbares im Kühlschrank noch Geld. Also wärmte sie sich einfach den Rest der Pizza vom Vortag im Backofen auf.

Sie war gerade auf dem Weg vom Wohnzimmer in die Küche, um sich das zweite Stück Pizza zu holen, als sie laute Stimmen im Hausflur hörte. Normalerweise war um diese Zeit nie etwas los. Kristina schaute neugierig durch den Türspion.

Sehen konnte sie nichts, aber sie hörte, wie jemand die Treppe herauffrannte. Dann wurde heftig gegen die Tür geschlagen.

Kristina sprang erschrocken zwei Schritte zurück.

„Aufmachen! Bitte aufmachen!"

Vorsichtig, auf Zehenspitzen, schlich Kristina zurück zur Tür und schaute erneut durch den Türspion. Zwei Augen, die vor Angst ganz groß waren, starrten sie von der anderen Seite des Spions an.

„Aufmachen! Bitte!!"

Die Stimme klang so verzweifelt, dass Kristina ohne nachzudenken den Riegel von der Tür schob, obwohl ihre Mutter das streng verboten hatte.

Kaum hatte sie die Tür vorsichtig einen Spalt geöffnet, da wurde sie von außen so heftig aufgestoßen, dass Kristina zur Seite geschubst und gegen den Flurschrank geschleudert wurde. Sie verlor das Gleichgewicht und fiel hin.

Ein Junge von vielleicht 14 Jahren stolperte in die Wohnung, schlug die Tür mit einem Knall hinter sich zu und schob den Riegel vor. Dann rutschte er erschöpft an der Tür entlang auf den Boden. „Pff! Das war wirklich knapp", keuchte er.

Kristina betrachtete ihn wütend. Er war bestimmt zwei Köpfe größer als sie und ziemlich kräftig. Er sah auf jeden Fall gar nicht danach aus, als ob er vor irgendjemandem Angst haben müsste. Sie rieb sich ihren schmerzenden Arm, aber noch ehe sie etwas sagen konnte, hörte man ein wildes Gepolter, das immer näher kam.

Dann wurde schon wieder gegen die Tür gehämmert. „Aufmachen! Wir wissen, dass du da drin bist! Komm raus, du Feigling!"

Der Junge legte den Finger auf die Lippen und sah Kristina beschwörend an. Jetzt bloß kein Wort sagen! Aber das hatte Kristina ohnehin nicht vor. Sie war vor Schreck sprachlos.

„Aufmachen!" Wütendes Gehämmer gegen die Tür. Dann waren gezischte Worte zu vernehmen: „Du entkommst uns nicht! Wir kriegen dich!"

Kristina zog ihren Kopf ein.

Schweigend warteten sie, bis es vor der Tür ruhig wurde. Sie hörten, wie Schritte die Treppe hinunterpolterten. Sie wurden leiser und leiser.

Der Junge stand vorsichtig auf und spähte durch den Spion. „Weg sind sie", sagte er erleichtert und ließ sich wieder auf den Boden fallen.

„Wer war das?", wollte Kristina wissen.

„Keine Freunde von mir", sagte der Junge.

Kristina sah ihn böse an. Dafür, dass sie ihn gerettet hatte, konnte er jetzt wenigstens etwas mitteilsamer sein.

„Die wollen mich fertigmachen. Jonas und seine Gang." Er fuhr sich mit beiden Händen durch seine braunen Haare und holte noch einmal tief Luft. Dann stand er auf und wanderte durch die Wohnung. „Schick hast du es hier. Gefällt mir, deine Wohnung. Du könntest mir was zu trinken anbieten. Ich bin ziemlich gerannt."

Kristina gehörte eigentlich nicht zu den Menschen, die immer taten, was andere ihnen sagten, aber so jemanden wie diesen Jungen hatte sie noch nie kennengelernt. Und ehe sie so richtig wusste, was sie tat, stand sie auch schon in der Küche und goss ihm ein Glas Cola ein.

Der Junge trank in großen Schlucken. „Bist du immer alleine?"

Kristina nickte. „Meine Mom arbeitet Schicht. Von mittags bis nachts."

Der Junge nickte nachdenklich. „Und dann bist du alleine hier in der Wohnung?"

„Hab ich doch gesagt, oder?" Kristina wurde langsam ungeduldig.

„Ich hab dich noch nie auf der Straße gesehen. Wohnst du schon lange hier?", wollte der Junge jetzt wissen.

„Bist du immer so neugierig?" Kristina hasste es, ausgefragt zu werden.

Außerdem wohnte sie schon zwei Jahre in diesem Haus. Dass ihre Mutter ihr verboten hatte, auf die Straße zu gehen, wollte Kristina dem Jungen auf keinen Fall erzählen. Sonst hielt er sie noch für ein Baby, das ohne Mama nicht aus dem Haus durfte. Obwohl es ja fast so war. Sie durfte einkaufen gehen, aber danach sollte sie das Haus nicht mehr verlassen.

„Na dann: tschüss! Und danke!" Die Wohnungstür klappte zu.

Kristina beobachtete vom Fenster aus, wie der Junge, dessen Namen sie nicht einmal kannte, sich unten auf der Straße vorsichtig nach allen Seiten umsah und dann losrannte.

Zufrieden bemerkte sie, dass niemand ihm folgte. Nicht etwa, dass sie ihn besonders mochte, aber nachdem sie ihn gerade vor seinen Verfolgern gerettet hatte, musste er ihnen ja nicht kurz darauf in die Arme laufen.

Was sie dagegen nicht bemerkte, war, dass sie selbst beobachtet wurde. Zwei Jungen standen auf einem Balkon schräg gegenüber und schauten durch ein Fernglas zu ihr herüber. Einer der beiden zeigte mit dem Finger auf sie.

Am nächsten Morgen ging Kristina wie sonst auch um halb acht aus dem Haus. Mit ihren Gedanken war sie noch bei ihrem aufregenden Erlebnis von gestern. Als sie an dem Parkplatz am Ende der Straße vorbeikam, standen auf einmal zwei Jungen vor ihr. Sie zuckte zurück und wollte an ihnen vorbei.

Zu spät! Die beiden packten Kristina am Arm und zerrten sie quer über den Parkplatz in eine dunkle Ecke.

Verzweifelt schaute sich Kristina nach Hilfe um. Um diese Zeit fuhren so viele Leute zur Arbeit, jemand musste sie doch sehen. Sie wollte schreien, brachte aber kein Wort heraus.

„Jetzt hör mal gut zu, du kleine Schlampe!", sagte der Größere von beiden und schubste Kristina so heftig, dass sie hinfiel. „Misch dich nicht ein!"

„Was … wieso? Ich … ich hab doch gar nichts gemacht!", krächzte Kristina mit heiserer Stimme.

Der andere Junge, ein Typ mit längeren Haaren, stieß mit dem Fuß nach ihr. „Gar nichts gemacht? Und wer hat gestern Tobias die Tür geöffnet?"

Kristina schwieg verwirrt. Tobias? Sie kannte keinen Tobias.

„Hee? Ich hab dich was gefragt!" Sie wurde grob geschüttelt. „Hat er etwa nicht geklopft und du hast aufgemacht?"

Der Junge von gestern!

„Ich wusste nicht … Er hat angeklopft. Ich wusste doch nicht …" Sie fing an zu weinen.

Der Langhaarige wollte sie wieder treten, aber der andere Junge meinte: „Lass sie. Ich glaube, sie hat genug." Zu Kristina sagte er: „Und du machst deine Tür in Zukunft nicht mehr auf. Wir beobachten dich. Halt dich da raus! Sonst …"

Sie gaben ihr einen letzten Stoß und ließen sie dann im Dreck liegen. Ohne sich noch einmal umzudrehen, rannten sie davon.

Kristina wartete minutenlang, das Gesicht in den Händen vergraben. Waren sie wirklich weg?

Schließlich stand sie mühsam auf und klopfte den Sand von ihrer Jacke. Die Schultasche war in eine Pfütze gefallen. Bestimmt waren auch Bücher und Hefte nass geworden.

Schluchzend ging Kristina weiter zur Schule. Auf der Toilette machte sie sich sauber, so gut es ging. Aber an den verschmierten Hausaufgaben ließ sich nichts ändern. Was sollte sie dem Lehrer sagen? Würde er ihr glauben, dass sie überfallen worden war? Falls ja, würde er bestimmt ihre Mutter anrufen. Und dann musste sie sagen, dass sie die Tür geöffnet hatte. Die Mutter würde ausflippen. Sie hatte so schon genug Angst um Kristina. Nein, entschied Kristina, besser ein verärgerter Lehrer als eine Mutter, die ihr noch mehr verbieten würde.

Also schluckte sie die Strafpredigt des Lehrers hinunter, murmelte etwas von „gestolpert und in die Pfütze gefallen", was ja so falsch gar nicht war, und hoffte, dass der Morgen schnell vorbeiginge.

Auf dem Nachhauseweg stand auf einmal der Junge von gestern vor ihr. Tobias – so hatten ihn jedenfalls die beiden Jungen heute Morgen genannt. Zwei Freunde waren bei ihm. Er schien sich zu freuen, sie zu sehen. Ganz im Gegensatz zu Kristina. Sie wollte wortlos an ihm vorbeigehen. Sie hatte nicht vor, sich weiteren Ärger einzuhandeln.

Aber der Junge versperrte ihr den Weg. „Hey, was'n los mit dir?", fragte er verwundert. „Gestern warst du echt besser drauf!"

„Ach, lass mich doch in Ruhe!" Kristina versuchte erneut, an ihm vorbeizukommen. „Ich hab schon genug Ärger wegen dir."

In diesem Moment entdeckte Kristina auf der anderen Straßenseite die zwei Jungen vom Morgen. Sie versuchte sich hinter Tobias und seinen Freunden zu verstecken, aber die beiden hatten sie schon gesehen und blieben ruckartig stehen. Der Langhaarige stieß einen verblüfften Pfiff aus.

Kristina machte ein so entsetztes Gesicht, dass Tobias und seine Freunde sich umdrehten.

„Jonas", sagte Tobias und schnaubte verächtlich. „Aber jetzt ist er zu feige mich anzugreifen. Das macht er nur, wenn er sicher ist, dass er gewinnt."

„Gehört die da zu euch?", schrie Jonas zu ihnen herüber.

Nein!, wollte Kristina rufen, aber Tobias kam ihr zuvor: „Sicher gehört sie zu uns. Lass sie bloß in Ruhe!"

Jonas lachte spöttisch und zog mit seinem Freund weiter.

„Warum hast du das gesagt?" Kristina war wütend. „Ich gehöre doch gar nicht zu euch."

„Doch, ab jetzt schon", sagte Tobias. „Jonas weiß, dass du mir gestern geholfen hast. Was glaubst du, was der mit dir macht, wenn er dich irgendwo alleine erwischt? Aber keine Angst, wir beschützen dich."

Kristina verdrehte die Augen. „Na toll. Das hätte dir eher einfallen sollen." Sie hielt ihre verdreckte Tasche hoch. „Das hier war Jonas. Heute Morgen."

Für einen Moment sagte keiner etwas. Kristina sah, dass Tobias wirklich entsetzt war.

„Tut mir leid", murmelte er und versuchte verlegen, den Dreck von ihrer Tasche zu klopfen. „Das hab ich nicht gewollt."

Er sah seine Freunde an. Sie nickten sich zu und dann begleiteten sie Kristina nach Hause.

„Wir kommen mal kurz mit rauf", meinte Tobias. „Dann gebe ich dir was, womit du dich gegen Jonas und seine Leute schützen kannst. Das sind übrigens Sven und Patrick."

Die beiden nickten Kristina kurz zu.

Kristina kam gar nicht dazu, zu widersprechen. Sie durfte keine Fremden hereinlassen. Allerdings war Tobias ja eigentlich kein Fremder mehr. Und er benahm sich auch so, als gehöre ihm die Wohnung.

Er führte seine Freunde durch alle Zimmer, selbst durch das Schlafzimmer der Mutter, und sagte schließlich: „Echt geil, was? Und das Beste kommt noch:

sturmfreie Bude. Sie ist den ganzen Tag alleine zu Hause. Stimmt doch, Kristina? Deine Mutter kommt immer erst nachts wieder?"

Kristina konnte nur nicken. Ihre Mutter wäre entsetzt gewesen, wenn sie gesehen hätte, wie ein fremder Junge zwei andere fremde Jungen durch ihre Wohnung führte. Und sie, Kristina, stand einfach daneben und nickte nur.

Die Jungen fingen plötzlich an, sich auf die Schultern zu klopfen und im Wohnzimmer herumzutanzen. „Gut gemacht, Alter!", sagte der eine zu Tobias. „Genau das, was wir brauchen."

Kristina verstand kein Wort. Aber sie kam nicht einmal dazu, eine Frage zu stellen. Immer wenn Tobias da war, ging alles so schnell, dass sie erst zum Nachdenken kam, wenn er schon wieder weg war.

Als sie dann bei Cola und Chips in der Küche saßen, zog Tobias eine Dose aus der Tasche. Er stellte sie auf den Tisch und sagte: „Reizgas. Wirkt garantiert. Wenn du das einmal in die Augen bekommst, riskierst du es kein zweites Mal. Wenn sie dich wieder überfallen, sprühst du ihnen einfach was in die Augen und rennst davon. Funktioniert wie ein Deo."

Er öffnete den Deckel und zielte in Kristinas Richtung. Sie zog erschrocken den Kopf ein. Die Jungen lachten.

Tobias stellte die Dose neben Kristinas Glas. „Versteck sie gut, damit deine Mutter sie auf keinen Fall findet."

Bevor Tobias und seine Freunde sich verabschiedeten, schauten sie aus dem Fenster, ob nicht zufällig Jonas und seine Bande draußen warteten.

Kristina wohnte im vierten Stock. Von dort aus hatte man einen ganz guten Überblick über das Wohngebiet. Jonas und seine Freunde wohnten in der Amselstraße in einem Hochhaus, das Kristina von ihrem Fenster aus gut sehen konnte. Alle Straßen rund um dieses Hochhaus, auch die Straße, in der Kristina wohnte, hatten Vogelnamen: Buchfinkstraße, Elsterweg, Zaunköniggasse.

„Diese Straßen gehören Jonas und seiner Bande", erklärte Tobias.

„Straßen können niemandem gehören!", sagte Kristina verärgert. Sie konnte es gar nicht leiden, wenn man sie veralbern wollte.

„Doch, können sie wohl", behauptete Tobias. „Alle Straßen hier in der Siedlung sind unter Banden aufgeteilt. Ich bin der Boss von den Pflanzenstraßen: Stiefmütterchenweg, Ginsterallee, Schneeglöckchenstraße. Da dürfen nur meine Leute sprayen."

„Sprayen?"

„Na ja, die bunten Bilder überall." Patrick war sichtlich überrascht, dass sie so gar keine Ahnung hatte. „Schau mal, da drüben." Er zeigte aus dem Fenster auf die gegenüberliegende Straßenseite. „Das Graffiti ist von mir."

Von der Parkhauswand starrte Kristina ein großer grüner Kopf mit schwarzer Mütze an. Er lag auf der Ladefläche eines Lastwagens mitten in einem Haufen kleinerer Kohlköpfe. Auf dem Wagen war Patricks *Tag** zu erkennen: *ME.* Jeden Morgen ging sie dort

---

* *Tag* (sprich: Täk) = gesprayter Namenszug

26

auf dem Schulweg vorbei und jeden Morgen verfolgten sie die unheimlichen großen Augen.

„Ihr seid das!", rief sie. „Meine Mom regt sich furchtbar auf, weil alle Wände so beschmiert sind."

„Du, sei vorsichtig!", drohte ihr Patrick mit dem Finger. „Das ist Kunst. Man braucht Stunden für so einen Kopf. Und vorher musst du das planen, die Farben aussuchen und so. Kannst ja mal mitkommen. Dann siehst du, wie viel Arbeit das ist."

„Ich dachte, diese Straße gehört Jonas. Da darfst du doch gar nicht …"

„Bingo!", sagte Tobias erfreut. „Sie hat es geschnallt. Klar durfte er das Bild nicht sprayen. Darum ist Jonas ja so sauer auf unsere Bande. Er verfolgt jeden von uns, wenn wir nur einen Schritt in sein Gebiet machen. Zur Schule muss ich jetzt immer einen Umweg laufen, wenn ich alleine bin. Aber oft bin ich zu faul dazu. Und darum hätte er mich gestern beinahe erwischt. Zum Glück hast du mich reingelassen."

„Los, wir machen uns vom Acker, bevor Jonas doch noch auftaucht." Sven trieb die anderen zur Eile an. „Man sieht sich!"

3

So hatte alles angefangen. Und nachdem Kristina das Gespräch mit ihrer Mutter hinter sich gebracht hatte, musste sie nur noch Tobias erklären, was mit seinem Reizgas passiert war.

Aber auch das war einfacher als befürchtet. Als Tobias am nächsten Nachmittag vorbeikam, lachte er nur und meinte: „Meine Eltern haben mir das Reizgas auch schon zweimal weggenommen. Eltern sind eben so. Wie willst du denen denn erklären, was auf der Straße abgeht? Das kapieren die sowieso nicht."

Kristina nickte. Sie würde ihrer Mutter niemals erzählen, dass die Straßen der Siedlung unter Banden aufgeteilt waren. Ihre Mutter würde sie sonst noch zur Schule begleiten. Es reichte Kristina schon, dass sie nachmittags nicht aus dem Haus durfte.

„Kommst du später mit?", unterbrach Tobias ihre Gedanken. „Wir wollen Tennis spielen."

„Tennis?" Kristina schaute ihn verblüfft an. Mit seiner abgeschabten Jeans und dem alten Pullover sah Tobias nicht so aus, als ob seine Eltern teure Tennisstunden bezahlen konnten.

Tobias grinste sie an. „Ich leih dir 'nen alten Schläger. Wir spielen abends bei Mondschein. Ich hol dich ab."

Bevor Kristina protestieren konnte, war er schon aus der Wohnung gelaufen. Bei Mondschein Tennis spielen! Sie durfte doch nicht nach draußen. Andererseits kam die Mutter ja erst nach Mitternacht. Und was sollte auf dem Tennisplatz schon passieren?

Sie stellte sich ans Fenster. Dort hinten am Ende der Siedlung lagen die Tennisplätze. Von hier oben wirkte alles ganz friedlich: große und kleine Häuser, drum herum Felder und Wiesen. In der Ferne sah man die Kirchtürme und Hochhäuser der Innenstadt und sogar die Kräne vom Hafen. Wie in einem Urlaubsprospekt. Man konnte sich gar nicht vorstellen, dass dort unten wirklich so schlimme Dinge passierten, wie in der Zeitung stand.

Kristinas Cousine, die schon 14 Jahre alt war und in einem Dorf lebte, kam gerne zu Besuch, weil in der großen Stadt mehr los war. „Der Hafen, tolle Geschäfte, so viele Konzerte", schwärmte sie jedes Mal und war traurig, wenn sie nach Hause zurückmusste.

Dabei hatte sie keine Ahnung, wie das Leben am Rande der Stadt wirklich war. Hier war es die meiste Zeit einfach nur langweilig. Bis zur Innenstadt waren es immerhin 30 Minuten mit der S-Bahn und für Konzerte und zum Shoppen brauchte man Geld. Das hatten die meisten nicht.

Ungefähr 3500 Menschen lebten in der Siedlung. Kristina war vor zwei Jahren mit ihrer Mutter hierhergezogen, nicht weil es besonders schön war, sondern weil die Mieten billig waren.

Die Häuser hatten meist acht Stockwerke und waren fast alle mit Bildern und Mustern besprayt. Manche Tags sahen richtig gekonnt aus, bei anderen sah man, dass die Sprayer wohl noch mehr Übung brauchten.

Zwischen den Häusern wuchs Gras, aber spielen durfte man da nicht, weil es angeblich zu viel Krach machte. Es gab einen Bolzplatz, der aussah wie ein Käfig, weil er von einem drei Meter hohen Gitterzaun umgeben war. Dort spielten nur selten Kinder, weil man sich wie im Gefängnis vorkam.

Als Kristina nachmittags noch nach draußen durfte, hatte sie sich immer mit ihren Freundinnen auf der Straße getroffen, so wie die meisten Kinder und Jugendlichen, die hier wohnten. Aber egal, wo sie rumhingen, Ärger gab es immer – entweder weil es verboten war oder weil sich Anwohner beschwerten, dass sie zu laut waren.

Es gab ein Jugendzentrum, in das Kristina ab und zu gegangen war. Da konnte man Tischtennis spielen und manchmal wurde für die Großen eine Fete organisiert. Aber am Wochenende oder an Feiertagen und oft auch in den Ferien, wenn sie viel Zeit

und noch mehr Langeweile hatten, war das Haus
geschlossen, weil Mitarbeiter fehlten und die Stadt
kein Geld hatte, um mehr Leute einzustellen.

Langeweile! Die kannte Kristina nur zu gut. Tennis
spielen! Mit Tobias, Sven und Patrick. Warum nicht?

Und so wartete sie ungeduldig, bis die drei endlich
kamen, um sie abzuholen. Tobias brachte einen alten
Schläger für sie mit und zu viert zogen sie auf den
inzwischen vollkommen leeren Tennisplatz.

Sie spielte Doppel mit Tobias gegen die beiden anderen. Es machte nichts, dass sie keine Übung hatte.
Tobias spielte für zwei. Er war richtig gut. Er hätte

bestimmt Turniere gewinnen, um die ganze Welt reisen und in den tollsten Hotels wohnen können …

Talent und Fleiß gehören dazu, wenn man im Sport und im Leben etwas erreichen will! So hieß es in dem Diktat, das sie neulich geschrieben hatten. Das Wichtigste aber stand nicht in dem klugen Text: Vor allem Geld gehörte dazu. Was nutzte Tobias sein ganzes Talent oder sein Fleiß, wenn er kein Geld hatte, um in diesen blöden Verein einzutreten?

Manche von den Jugendlichen mit den schicken weißen Tennishosen und den teuren Schlägern hatten nicht halb so viel Talent, aber ihre Eltern hatten das Geld, um Trainerstunden zu bezahlen. Tobias hoffte, dass ihn irgendwann jemand zufällig entdecken und sponsern würde.

Aber das hätte schon ein irrer Zufall sein müssen: ein Sponsor, der ausgerechnet dann bei Mondschein spazieren ging, wenn sie Tennis spielten. Und der hätte sicher auch eher die Polizei gerufen, als ihnen begeistert zuzuschauen.

Als Kristina kurz vor Mitternacht endlich in ihrem Bett lag, war sie todmüde, aber so glücklich wie schon lange nicht mehr.

Tobias und seine Freunde kamen von da an täglich. Entweder nahmen sie Kristina mit oder sie saßen im

Wohnzimmer und schauten sich Filme an oder machten Videospiele. Anfangs hatte sie der Mutter gegenüber ein schlechtes Gewissen. Sie hätte es ihr gerne erzählt. Schließlich tat sie ja nichts Verbotenes, traf sich nur mit Freunden, wie andere auch. Außerdem war sie da ganz ohne Absicht hineingerutscht.

Und doch war ihr klar, dass ihre Mutter die Sache mit Tobias nicht verstehen würde. Sie würde ihr verbieten, Tobias jemals wieder zu treffen. Boss einer Sprayerbande! Das Gezeter konnte Kristina sich lebhaft vorstellen.

Auch Sven und Patrick würde die Mutter nicht mögen. Allein wie sie aussahen: Sven schmierte sich täglich so viel Gel in seine blond gefärbten Haare, dass sie wie Igelstacheln von seinem Kopf abstanden. Das sah lustig aus, obwohl Sven gar kein lustiger Typ war. Er hatte an allem etwas auszusetzen. Das hatten er und Kristinas Mutter immerhin gemeinsam.

Kristina mochte Patrick lieber. Er war der kleinste der drei Freunde, besaß offenbar nur Sporthosen und hatte ständig eine Schirmmütze mit der Aufschrift *Hate me!* auf dem Kopf.

Tobias war der Anführer der Truppe. Vielleicht, weil er die besten Einfälle hatte.

Jedenfalls würde ihre Mutter keinen von ihnen mögen, so wie sie auch Kristinas Freunde aus der

Klasse nicht leiden konnte. Sie hatten alle nicht viel Geld. Und gut in der Schule waren sie auch nicht.

Ihre Mutter tat immer so, als ob Kristina und sie etwas ganz Besonderes wären. Sie hatte Abitur und sprach drei Sprachen. Aber das half ihr auch nicht weiter. Kristina kannte die Erklärungen ihrer Mutter auswendig: „Ich habe immer schon die falschen Freunde gehabt. Meine Eltern haben mich gewarnt. Aber ich wollte ja nicht hören … Und dann habe ich deinen Vater auf einer Party kennengelernt. Er hat damals ziemlich gut ausgesehen – und er konnte sehr charmant sein. Außerdem hat er mich meistens eingeladen: zum Essen oder ins Kino. Er hatte ja die Taschen voller Geld."

Erst viel später erfuhr sie, dass er ein Autodieb war. Und nicht nur das: In der Familie von Kristinas Vater lebten alle vom Autodiebstahl! Meistens saß auch irgendeiner im Gefängnis.

Kristinas frühere Freundin Betty hatte mal gesagt, dass sie es in so einer Familie nicht aushalten würde. Sie würde vor Scham im Boden versinken, wenn ihr Vater im Gefängnis säße.

Kristina wusste inzwischen, dass die meisten Leute so dachten. Darum erzählte sie auch nur ihren besten Freunden davon. Für sie war das nichts besonders Schlimmes. Es war immer so gewesen.

Kristina hatte vor einigen Jahren sogar noch gedacht, Autoklauen sei ein normaler Beruf. Im Kindergarten hatten sie mal darüber gesprochen, was ihre Eltern machten. Reihum hatten die Kinder erzählt: Bei dem einen ging der Vater ins Büro, die Mutter arbeitete im Krankenhaus, bei anderen arbeiteten die Eltern in einem Geschäft oder in einer Werkstatt.

„Mein Vater klaut Autos und verkauft sie", hatte Kristina gesagt. Alle hatten gelacht.

Die Erzieherin hatte gemeint, sie solle sich bei ihrem Vater einmal genau erkundigen. „Wahrscheinlich ist er Verkäufer in einem großen Autohaus", hatte sie den anderen Kindern erklärt.

Ihre Mutter war sehr böse geworden, als sie ihr das erzählt hatte. Sie hatte dem Vater verboten, jemals wieder seine Freunde mit nach Hause zu bringen. „Das Kind bekommt alles mit!", hatte sie ihn angeschrien. „Willst du, dass sie so wird wie du?"

Darüber hatte der Vater wohl noch nicht nachgedacht.

Kristina durfte von da an niemandem mehr erzählen, was ihr Vater machte. „Sag einfach, du kennst ihn nicht", sagte die Mutter.

Eines Tages packte er seinen Koffer und ging. Kristina war eigentlich nicht besonders traurig darüber. In den Wochen davor hatten sich ihre Eltern fast nur noch gestritten. Einmal hatte die Mutter morgens sogar ein blaues Auge, oft waren ihre Augen rot und verweint. Sie sprach dann den ganzen Tag nicht, auch nicht mit Kristina.

Nein, Kristina war froh gewesen, als der Vater ging. Sie lebte seitdem mit ihrer Mutter allein und das war gut so. Sie teilten sich die Aufgaben und meistens verstanden sie sich auch. Kristina tat alles, um der Mutter nicht noch mehr Sorgen zu machen. Und darum konnte sie ihr unmöglich von Tobias und seinen Freunden erzählen.

4

Eines Abends, als Kristina gerade ins Bett gehen wollte, klingelte es. Tobias stand vor der Tür. „Wir machen 'ne Spraytour. Hast du Lust mitzukommen?"

Ob sie Lust hatte? Der Nachmittag war todlangweilig gewesen: Lernen für die Mathearbeit. Vor ein paar Minuten hatte ihre Mutter angerufen. „Geh früh ins Bett!", hatte sie gesagt. „Damit du morgen für die Arbeit ausgeschlafen bist."

Schule, Lernen, Schlafengehen. Gab es auch noch etwas anderes für ihre Mutter? Kristina hatte den Hörer wütend aufgeknallt.

Und so kam ihr Tobias gerade recht. Sie hatte nicht einmal ein schlechtes Gewissen, als sie sich ihre Jacke schnappte und die Wohnung verließ. Draußen warteten schon Sven und Patrick. Gemeinsam liefen sie los durch die dunklen Straßen.

Überall waren die Wände vollgesprüht. Wo sollte man da noch eine freie Fläche finden? Aber Sven hatte vor Wochen ein Parkhaus entdeckt mit einer schneeweißen Auffahrt zum ersten Stock. Diese Auffahrt hatten sie schon öfter besprayt, aber der Hausmeister hatte sie immer wieder weiß übermalt.

Patrick und Sven hatten sich sogar den Spaß erlaubt, an ihm vorbeizuschlendern, als er schwitzend gestrichen und dabei geschimpft hatte: „Wenn ich diese Dreckskerle erwische! Die werden ihr blaues Wunder erleben!"

Die beiden fanden das sehr witzig und dachten sich ständig größere Bilder aus, um den Hausmeister zu ärgern. Sie benutzten vorzugsweise dunkle Farben und viel Schwarz, denn das war nur schwer zu übermalen.

Auch an diesem Abend wollten sie ein Bild mit viel schwarzer Farbe malen, damit sich der Hausmeister am nächsten Tag besonders ärgerte.

Als sie am Parkhaus ankamen, mussten sie aber noch eine ganze Weile im Gebüsch warten, weil so viele Leute rein- und rausfuhren. Dann endlich konnte es losgehen.

Auch Kristina bekam eine Dose mit schwarzer Farbe in die Hand gedrückt und durfte in einer Ecke üben. Sie war sehr aufgeregt.

Malen konnte sie gut, aber es war schon ein Unterschied, ob man einen Bleistift oder eine Spraydose in der Hand hielt. Und radieren konnte man auch nicht. Man musste vorher genau wissen, was man wohin sprühte.

Kristina geriet ins Schwitzen. Allmählich verstand sie, warum Patrick so stolz auf seine Bilder war. Es war nicht einfach.

Bei den Jungen dagegen merkte man, dass sie schon viel Übung hatten. Tobias legte gleich mit Schwung los. Er malte immer das Gleiche. Die schwarze Farbe sah hässlich aus auf dem Weiß. Aber dann füllte er die Lücken mit Rot und Blau aus. Sven arbeitete zusammen mit Patrick auf der anderen Seite.

Sie waren fast fertig, als plötzlich mehrere Schatten aus dem Haus auf sie zurannten. Das Schlimmste aber war der Hund. Er bellte und sprang hinter Tobias her.

Kristina ließ vor Schreck die Dose fallen und rannte wie verrückt los. Keiner kümmerte sich um den anderen. Sie rannten in alle Himmelsrichtungen auseinander.

Aber sie wurden nicht erwischt. Eine Stunde später trafen sie sich wie verabredet in Kristinas Wohnung. Auch Tobias hatte es geschafft. Er war in einen Hauseingang gelaufen und auf der anderen Seite durch den Garten wieder hinaus. Kristina hatte das einmal in einem Film gesehen: Der Dieb lief vorne hinein, hinten wieder hinaus in den Hof und dann über die Mauer auf eine andere Straße.

Kristina versorgte alle mit Cola und Chips und als die Jungen gegen elf Uhr nach Hause gingen und Kristina müde in ihr Bett fiel, war sie sicher, dass sie so einen aufregenden Abend noch nie erlebt hatte.

Die Mathearbeit am nächsten Morgen fiel dagegen weniger zufriedenstellend aus. Die Zahlen tanzten vor Kristinas müden Augen und als es zum Stundenende gongte und der Lehrer die Hefte einsammelte, hatte Kristina nur zwei Aufgaben richtig gelöst.

Egal, dachte sie. Das Leben war wieder interessant. Die Schule konnte warten.

Tobias holte sie nun häufiger abends zum Sprayen ab. An die Parkhausmauer trauten sie sich nicht mehr heran. Der Hausmeister hatte offenbar eine Nachtwache organisiert. Sobald es dunkel wurde, spazierte ein Mann mit einem riesigen Hund durch die Straßen rund um das Parkhaus.

Das Sprayen wurde immer gefährlicher, aber genau darin lag der Reiz. Dieses Kribbeln im Bauch, nach dem man süchtig werden konnte.

Selbst Kristina, die doch erst seit Kurzem dabei war, wurde ganz unruhig, wenn sie einmal drei Tage hintereinander zu Hause sitzen musste, ohne dass Tobias kam, um sie abzuholen. Es gab so einen irren Kick, wenn man nachts unterwegs war, die Dosen in der Jacke.

Ihre Mutter hatte immer Angst, dass Kristina anfing zu rauchen oder womöglich Drogen nahm. Jeden zweiten Tag bekam sie zu hören: „Sei schön brav. Und wehe, ich erwische dich mit einer Zigarette. Dann ist der Weg zu den harten Drogen nicht mehr weit."

Kristina nickte meist folgsam. Wenn die Mutter gewusst hätte, dass sie viel gefährlichere Dinge machte!

Kam Tobias einmal nicht, um sie abzuholen, übte sie Bilder und Muster – bis sie endlich ihr Zeichen gefunden hatte: ein gelbes „K", darin kunstvoll verschlungen ein schwarzes „a", der letzte Buchstabe ihres Namens.

Es war ein großes Ereignis, als sie dieses Zeichen das erste Mal an eine Hauswand sprayte. Die Jungen klatschten begeistert Beifall und Kristina hatte das Gefühl, dass sie jetzt wirklich dazugehörte.

Inzwischen leuchtete an verschiedenen Stellen im Wohngebiet das gelbe „K" mit dem schwarzen „a". Manchmal ganz versteckt in einer Ecke, manchmal fast einen Meter groß, sodass jeder, der vorbeiging, es bemerken musste. Kristina fühlte sich richtig gut, wenn sie daran vorbeikam.

Eines Abends hatten sich Tobias und Sven etwas Besonderes ausgedacht: Sie wollten zum S-Bahn-Tunnel. Der Tunnel, der kurz vor dem nächsten Bahnhof über die Hauptstraße führte, war bislang noch von keinem besprayt worden. Das wollten sie ändern!

Sie mussten eine ganze Weile an der S-Bahn entlangwandern, bis sie zur Überführung kamen. Die S-Bahn machte hier einen langen Bogen und lief in den Tunnel hinein, der dann über die große Straße hinwegführte, bis er auf der anderen Seite langsam in der Erde verschwand.

Schon von Weitem schimmerte die große weiße Fläche des Tunnels. In der Siedlung sah man so eine Fläche selten ohne mehr oder weniger gelungene Sprühereien.

Als sie direkt davorstanden, konnte Kristina sich vorstellen, warum hier noch keiner gesprayt hatte. Es war viel zu gefährlich. Es gab keinen Weg nach oben zur Überführung. Wie sollte man da hochkommen, ohne gleich wieder abzustürzen? Und selbst wenn man das schaffte, wo hielt man sich fest? Die Tunnelwände waren glatt.

„Das schafft ihr nie!", sagte sie zu Tobias. „Lass uns was anderes suchen."

Aber die beiden waren nicht von ihrem Plan abzubringen. Und wenn es wirklich klappen würde, wow! Sie würden unter den Sprayern berühmt werden.

Kristina musste unten bleiben und nach den Polizisten Ausschau halten, die hier öfter Streife fuhren. An jedem anderen Abend wäre sie sauer gewesen. Schließlich hatte sie mühsam ihr Tag geübt. Aber wenn sie sich die Überführung jetzt so anschaute, war sie ganz froh, dass sie nicht mit hinaufmusste.

Die beiden Jungen fingen an, die Böschung hochzuklettern. Ihr Sportlehrer wäre bestimmt sehr verwundert gewesen, wenn er gesehen hätte, wie die zwei klettern konnten. In der Schule hatten sie nämlich keine Lust auf den Sportunterricht und schwänzten oft.

Oben angekommen krabbelten sie auf den Knien auf dem schmalen Steg zwischen Wand und Abgrund weiter. Ohne Geländer richteten sie sich in Zeitlupe auf. Kristina kniff die Augen fest zu. Dann hatten sie die Mitte der Überführung erreicht. Hier gab es offensichtlich irgendwelche Haken in der Wand, an denen sie sich mit einer Hand festhalten konnten.

Mit der anderen Hand zogen sie die erste Dose aus der Tasche. Tobias fing mit Rot an, Sven mit Blau. Es dauerte eine Ewigkeit, bis nach und nach das erste Zeichen sichtbar wurde. Es war nicht so schön und gleichmäßig wie sonst, aber man konnte es sogar von unten ganz klar erkennen.

Kristina sprang vor Begeisterung in die Luft und klatschte in die Hände. Sie hatten es tatsächlich geschafft!

In diesem Moment donnerte eine S-Bahn in den Tunnel. Alles wackelte.

Tobias erschrak so, dass er seine Dose fallen ließ und aufschrie. Sven konnte sich in letzter Sekunde mit beiden Händen an einem Haken festklammern. Für kurze Zeit baumelten seine Füße in der Luft.

Kristina hielt entsetzt den Atem an. Dann endlich fanden Svens Füße wieder Halt.

Kristina stand noch immer regungslos da, als mehrere Spraydosen neben ihr aufschlugen und in

alle Richtungen davonrollten. Kristina rannte los, um sie aufzusammeln. Sie hielt zwei Dosen in den Händen und bückte sich nach der dritten, als plötzlich ein Auto neben ihr stoppte. „Sag mal, Kleine, was machst du denn noch hier um diese Zeit?"

Zwei Polizisten! Sie sahen natürlich sofort, was sie in den Händen hielt. Kristina rannte los, der eine Polizist hinter ihr her. Er hätte sie bestimmt erwischt, wenn sein Kollege nicht gerufen hätte: „Hey, Herbert! Da oben hängen welche an der Brücke!"

Der Polizist blieb stehen und schaute zu Tobias und Sven hoch. Kristina nutzte die Gelegenheit und rannte durch die Büsche davon nach Hause.

Kurze Zeit später klingelte es. Atemlos stand Sven vor ihr. Er war den Polizisten auch entwischt. „Tobias?", fragte er und japste nach Luft.

Kristina schüttelte den Kopf. Gemeinsam standen sie am Fenster und hielten nach ihm Ausschau. Mehrmals versuchte Kristina, ihn auf dem Handy zu erreichen – vergeblich.

Stunde um Stunde warteten sie. Schweigend. Sie starrten auf die Lichter der Häuser und der vorbeifahrenden Autos und fühlten sich schlecht. Wo war Tobias? Er hätte längst hier sein müssen …

Ein Junge kam um die Ecke gelaufen. Kristina holte erleichtert Luft. „Er hat es geschafft!", jubelte sie. Zu früh. Es war nicht Tobias. Und er kam auch nicht mehr. Was war passiert? War er doch von den Polizisten erwischt worden?

Um elf Uhr gaben sie das Warten auf. Kristina schickte Sven nach Hause. Wenn ihre Mutter kam, musste er auf jeden Fall weg sein.

„Vielleicht ist er ja direkt nach Hause gegangen. Er kann doch nicht wissen, dass ich noch bei dir bin", meinte Sven. Aber er wusste genauso gut wie Kristina, dass er das nur sagte, um sie zu beruhigen.

Viel wahrscheinlicher war, dass Tobias irgendwo auf einer Polizeiwache saß. Und daran wollten sie beide besser nicht denken. Er war geschnappt worden, bestimmt!

Obwohl Kristina die ganze Nacht kaum geschlafen hatte, war sie am nächsten Morgen sehr früh auf. Sie schlang ihre Cornflakes hinunter und rannte auf die Straße. Zum ersten Mal seit Tagen vergaß sie nach Jonas und seinen Leuten Ausschau zu halten. Sie hatte nur eins im Kopf: Tobias. Sie musste wissen, was mit ihm passiert war.

Auf dem Schulhof war er nicht. Seine Freunde hatten ihn auch noch nicht gesehen. Also lief sie ihm entgegen. Er verließ gerade das Haus, als sie bei ihm ankam.

Beinahe hätte sie ihn nicht erkannt. Er humpelte und sein rechtes Auge war ganz geschwollen. Entsetzt blieb sie stehen.

„Halb so wild!", meinte Tobias, dem es peinlich war, dass sie ihn so anstarrte.

„Bist du von der Brücke gefallen?"

Tobias schüttelte den Kopf und grinste. „Nee, das hab ich noch geschafft. Aber die Bullen waren zu zweit und haben mich ausgetrickst. Außerdem bin ich blöd umgeknickt. Da haben sie mich eben geschnappt."

„Und dann?"

„Sie haben mich in ihrem Auto verhört und dann nach Hause gefahren."

„Haben sie dich geschlagen?"

Tobias schüttelte den Kopf. „Das war mein Vater. Der ist ausgerastet, als er die Tür aufgemacht hat und die Polizisten standen da und ich in der Mitte. Er hat doch geglaubt, ich liege im Bett und schlafe. Na ja, da hat er eben zugeschlagen." Mehr erzählte er nicht und Kristina fragte auch nicht weiter.

Sie wusste inzwischen, dass Tobias oft von seinem Vater geschlagen wurde. Manchmal, wenn er mit einer schlechten Note nach Hause kam, und manchmal einfach nur, weil der Vater mal wieder zu viel getrunken hatte.

Die Polizei ging hart mit Sprayern um. Schließlich kostete die Reinigung der besprühten Flächen eine Menge Geld.

Tobias kam vor den Jugendrichter, der ihn verwarnte. „Sieh dich vor. Tob dich woanders aus, aber nicht an Wänden, die dir nicht gehören."

Tobias sollte zur Strafe acht Stunden in einem Altenheim arbeiten. Die 600 € für die Reinigung der Brücke bezahlten seine Eltern. Damit er das Geld zurückzahlen konnte, würde Tobias in den Sommerferien arbeiten müssen. Außerdem bekam er eine Woche Hausarrest.

Sogar in der Zeitung schrieben sie über den Vorfall. Kristinas Mutter entdeckte den Artikel natürlich sofort und las Kristina daraus vor.

„Es ist schrecklich, womit die Jugendlichen heutzutage ihre Zeit verbringen", meinte sie anschließend. „Und so einer wohnt natürlich bei uns in der Nachbarschaft. Aber es geschieht ihm recht. Er sollte sich lieber von seinen Eltern einen Malblock zum Geburtstag schenken lassen."

Kristina nickte. Es gab nichts zu sagen. Es gab immer weniger zu sagen. Sollte sie der Mutter erzählen, dass Tobias keine Geschenke zum Geburtstag bekam? Oder dass die kleinen gelben und schwarzen Buchstaben auf den Wänden der Straßen ringsherum von ihr, Kristina, stammten? Die Welt, in der Kristina lebte, hatte immer weniger mit der Welt ihrer Mutter zu tun.

Tobias hatte vom Sprayen auf jeden Fall erst einmal die Nase voll.

„Hey, Alter, nur weil du ein Mal erwischt worden bist? Du wirst doch nicht gleich aufgeben!", versuchte Patrick vergeblich ihn zu überreden. Patrick war ja an dem Abend nicht einmal dabei gewesen, und so winkte Tobias sofort ab. Sie konnten ja ohne ihn weitermachen.

Und das taten sie auch. Sven war sogar anfangs ganz begeistert, dass er zur Abwechslung einmal der Boss sein konnte. Er kommandierte Kristina und Patrick herum, bis den beiden die Lust verging. Ohne Tobias machte es sowieso keinen richtigen Spaß mehr. Und so beschlossen sie auch aufzuhören, wenigstens bis sich die Lage beruhigt hatte.

Irgendwie war Kristina froh darüber. Sie hätte es nie von sich aus gesagt, schließlich wollte sie ja nicht als fcigc gelten. Und sie wollte zur Gruppe gehören.

Seitdem es Tobias und seine Bande gab, kannte sie keine Langeweile mehr. Einer hatte immer eine Idee. Wenn das auch meistens Ideen waren, von denen ihre Mutter nichts erfahren durfte.

Es war spannend. So spannend wie die Filme, die sie sonst oft abends geschaut hatte. Nur noch viel besser, weil sie selbst mitspielen konnte.

Andererseits war es nicht auszudenken, was passieren würde, wenn ihre Mutter dahinterkam, was Kristina nachmittags und abends machte. Oder wenn die Polizei sie schnappte. Sie kontrollierten immer schärfer, sogar eine Sonderkommission war gebildet worden. Es war einfach zu gefährlich geworden.

5

Die Abende wurden wieder ruhiger, aber in der ersten Zeit empfand Kristina das sogar als angenehm. Sie saß oft vor dem Fernseher, doch selbst wenn ein spannender Krimi lief, wanderten ihre Gedanken zu Tobias, Sven und Patrick.

Allein bei dem Gedanken an das, was sie erlebt hatte, kribbelte es in ihrem Bauch. Und sie fand, dass dieses Bauchkribbeln für die nächste Zeit erst einmal reichte. Außerdem wollte sie nicht noch mehr Ärger mit ihrer Mutter riskieren. Sie machte sowieso schon zu viele Dinge hinter ihrem Rücken.

Die Bande hatte inzwischen ihr Hauptquartier in Kristinas Wohnung eingerichtet. Nachmittags kamen sie, kaum dass Kristina ihr Mittagessen beendet hatte. Die meisten Eltern waren arbeitslos und saßen zu Hause herum, sodass man sich dort mit Freunden nicht treffen konnte. Und da war auf einmal dieses Mädchen – ohne Vater und mit einer Mutter, die den ganzen Tag nicht zu Hause war. Ideal für eine Bande, die ein Hauptquartier suchte.

Es waren nicht nur Tobias, Sven und Patrick, manchmal kamen auch noch andere Freunde von Tobias, die nicht direkt zu seiner Bande gehörten. Sie waren wie eine große Familie.

Es war jedes Mal spannend, ob sie es schaffen würden, durch das Gebiet von Jonas' Bande zu kommen. Und wenn Kristina von ihrem Fenster aus beobachtete, wie ihre Besucher davonliefen und sich dabei nach allen Seiten umschauten, hatte sie immer wieder Herzklopfen.

Bislang hatten sie Glück gehabt. Jonas war wohl noch gar nicht auf die Idee gekommen, dass Tobias und seine Leute so dreist sein könnten, sich in einem Haus in einer seiner Straßen zu treffen, und das auch noch täglich.

Wenn abends alle gegangen waren, stand Kristina da und schaute auf das Chaos, das Tobias und die anderen hinterlassen hatten: Chipsreste auf dem Boden, Colagläser und Flaschen, die entsorgt werden mussten. Fast täglich musste sie staubsaugen, damit der Mutter die vielen Krümel nicht auffielen.

Wenn das Wetter schön war, trafen sie sich auch im Park, aber in letzter Zeit regnete es häufig, und so war es allen ganz recht, dass sie sich in Kristinas Wohnung treffen konnten.

Kristina war stolz, dass die Großen sie dabeihaben wollten – schließlich waren die anderen schon 14.

Obwohl es niemand sagte, wusste sie genau, dass sie ohne die Wohnung nie hätte mitmachen dürfen. Aber das war ihr egal. Wenn Tobias und seine Freunde kamen, verließ die Langeweile die Wohnung. Und Kristina hasste die Langeweile. Auch wenn sie jetzt oft todmüde und meist ohne Hausaufgaben ins Bett fiel, war sie zufrieden und glücklich. Die Nachmittage am Computer gehörten der Vergangenheit an.

Es störte sie auch nicht mehr, dass sie eine Fünf nach der anderen schrieb. Bei der ersten war sie noch geschockt und nahm sich fest vor, dass es die letzte sein sollte. Bei der zweiten war der Schreck schon nicht mehr so groß und ab der vierten Fünf hatte sie sich fast daran gewöhnt. Sie hatte einfach keine Zeit zu lernen.

Erst an dem Morgen, als der Lehrer die Einladungen für den Elternsprechtag verteilte, bekam sie es mit der Angst zu tun. Bislang hatte sie kaum Probleme in der Schule gehabt. Besonders gut war sie zwar nie gewesen. Und Abitur wie die Mutter würde sie wohl auch nie machen. Vielleicht schaffte sie, wenn sie fleißig war, den Realschulabschluss. Ihre Noten lagen in den meisten Fächern zwischen Drei und Vier. Und damit war Kristina zufrieden. Die Mutter weniger, weil sie wusste, dass Kristina hätte besser sein können, wenn sie fleißiger gewesen wäre. Nur war Kristina eben nicht fleißiger. Und es war ja auch niemand da, der ihre Aufgaben am Nachmittag kontrollierte.

Die Mutter wusste auch das und so machte sie Kristina nur selten Vorwürfe. Es war für ein zwölfjähriges Mädchen schließlich nicht einfach, die ganze Woche jeden Nachmittag und Abend allein zurechtzukommen.

Kristina und ihre Mutter hatten ein stillschweigendes Abkommen getroffen: Die Mutter schimpfte nicht, solange es keine Probleme wegen der Versetzung gab. Bislang hatte das auch gut geklappt.

In den letzten Wochen aber waren Kristinas Noten nur noch schlecht gewesen. Sie hatte in jedem Fach mindestens eine Fünf geschrieben, von der Sechs im Vokabeltest ganz zu schweigen.

Und an diesem Morgen in der Schule bemerkte Kristina mit Schrecken, dass sie das Abkommen mit ihrer Mutter verletzt hatte. Als der Lehrer ihr die Einladung zum Elternsprechtag gab, sagte er vorwurfsvoll: „Was ist los mit dir, Kristina? Du hast eigentlich in allen Fächern nachgelassen. Wenn du so weitermachst, wirst du die Klasse wiederholen müssen. Sag deiner Mutter, ich muss sie unbedingt sprechen – oder soll ich sie lieber anrufen?"

Kristina schüttelte entsetzt den Kopf. Sie musste ihre Mutter erst einmal vorbereiten. Sie hatte von keiner der Fünfen zu Hause berichtet, ja zum Teil sogar verschwiegen, dass sie eine Arbeit schrieb. Eine

Fünf war schon schlimm genug, aber jetzt musste sie gleich sechs Fünfen beichten.

Die Mutter würde ausrasten. Dabei hatte Kristina es doch nur gut gemeint. In der Woche sah sie die Mutter kaum und am Wochenende war sie müde. Und außerdem wollte Kristina ihr nicht die Laune verderben.

Schließlich hatten sie nur die beiden Tage am Wochenende zusammen, an denen sie gemütlich zu zweit essen oder mal ins Kino gehen konnten. Und selbst das hatte in der letzten Zeit fast gar nicht mehr geklappt. Nein, die Wochenenden waren viel zu schade für so eine schlechte Mitteilung.

Je länger Kristina darüber nachdachte, desto mehr kam sie zu der Überzeugung, dass sie gar keine Chance gehabt hatte, ihrer Mutter von den schlechten Noten zu erzählen. Aber ob die das auch so sehen würde? Wohl eher nicht! Und darum beschloss Kristina kein Wort zu sagen. Stress und Ärger würde es sowieso geben. Also sollte doch der Lehrer die schlechten Nachrichten überbringen. Schließlich hatte er die Noten auch vertcilt!

So richtig wohl fühlte sie sich bei der ganzen Sache nicht. Aber als die Mutter dann erzählte, sie wolle mit Kristina am Wochenende einen Ausflug ans Meer machen, war es entschieden. Ans Meer wollte sie schon so lange. Endlich nahm sich ihre Mom dafür Zeit. Da konnte sie doch unmöglich alles verderben, indem sie von ihren schlechten Noten erzählte.

So überreichte sie der Mutter nur den Elternbrief, ohne etwas dazu zu sagen.

„Ach du liebe Güte. Muss ich dahin?" Die Mutter betrachtete stirnrunzelnd den Brief.

„Unser Lehrer hat gesagt, es sollen möglichst alle Eltern kommen."

„Na gut, wenn er meint. Es liegt ja wohl nichts Schlimmes an, oder?" Die Mutter sah Kristina prüfend an.

Die verschluckte sich an ihrem Kakao und schüttelte den Kopf, was heißen konnte, dass der Kakao zu heiß war oder dass nichts Schlimmes in der Schule passiert war. Jedenfalls fragte die Mutter nicht weiter nach und Kristina beschloss, die Tage bis zum Elternsprechtag noch zu genießen.

So richtig gelang ihr das jedoch nicht. Selbst über den Tagen am Meer lag ein Schatten.

Je näher der Elternsprechtag rückte, desto aufgeregter wurde Kristina. Und dann kam alles noch viel schlimmer als befürchtet.

Als die Mutter aus der Schule zurückkam, sagte sie kein Wort. Aber Kristina sah, dass sie geweint hatte.

Den ganzen Tag schlich Kristina um sie herum und wünschte sich, dass kein schulfrei wäre und sie aus dem Haus flüchten könnte. Wenn ihre Mom wenigstens mit ihr geschimpft hätte. Alles, nur nicht dieses Schweigen! Aber für ihre Mutter war Kristina an diesem Tag Luft. Sie tat so, als wäre Kristina nicht da.

Nur manchmal, wenn Kristina plötzlich zu ihr hinsah, merkte sie, wie die Mutter schnell zur Seite schaute. Traurig sah sie aus. Kristina hätte sie am liebsten in den Arm genommen.

Dann kam der Freitag. Die Mutter schwieg immer noch. An diesem Nachmittag hatte Kristina zum ersten Mal keine Freude an der Versammlung in ihrer Wohnung. Sie wünschte sich allein zu sein.

Als die Freunde endlich weg waren, fegte Kristina zornig mit dem Staubsauger durch das Wohnzimmer. Es hatte ihr bislang nie etwas ausgemacht, hinterher zu putzen. Aber an diesem Tag hasste sie Tobias und all die anderen für jeden Krümel, den sie in der Wohnung hinterlassen hatten.

Die ganze Zeit zum Putzen hätte sie für ihre Hausaufgaben nutzen können. Dann wäre das alles sicher nicht passiert: Sie hätte keine Fünfen und ihre Mutter würde noch mit ihr reden.

Oh, wie sie alle hasste! Tobias und Sven und Patrick und … sich selbst. Sie legte sich ins Bett und starrte an die Decke. So lag sie da, bis die Mutter in der Nacht nach Hause kam. Kristina wartete darauf, dass sie in ihr Zimmer kam. Das machte sie sonst immer. Meistens merkte Kristina es nicht, aber manchmal wachte sie auf, wenn die Mutter sich über ihr Bett beugte. Dann kuschelte sie sich an sie und schlief weiter. Kristina wartete.

Ihre Mom kam nicht. Kristina hörte sie in der Küche, im Badezimmer, schließlich im Schlafzimmer. Dann wurde es ruhig. Die Mutter war einfach schlafen gegangen. Kristina lag wach in ihrem Bett.

Erst am nächsten Morgen brach die Mutter ihr Schweigen. „Ab Montag gehst du jeden Tag zur Schülernachhilfe. Die wird an deiner Schule kostenlos angeboten. Und am Wochenende üben wir zusammen: Diktate, englische Vokabeln – wenn es sein muss, auch Mathe. Wir werden gemeinsam dafür sorgen, dass du es schaffst."

Mehr nicht. Kein Vorwurf, kein Schimpfen. Nur diese Worte. Als Kristina anfing zu weinen, nahm ihre Mutter sie in den Arm.

Ihre Mom gab sich an diesem Wochenende besonders große Mühe. Sie hörte Kristina die Vokabeln ab, gemeinsam kochten sie Kristinas Lieblingsgericht: Kartoffelpuffer. Sie gingen ins Kino und am Sonntagnachmittag ins Erlebnisbad mit der Riesenrutsche, auf der die meisten ihrer Klassenkameraden schon gewesen waren. Nur sie hatte nie mitreden können. Während sie miteinander im Sprudelbad saßen, merkte Kristina, dass sie es trotz allem gut mit ihrer Mutter getroffen hatte.

Wenn sie daran dachte, was Tobias über seine Familie erzählte! Sein Vater hatte seit zwei Jahren keine Arbeit mehr, saß nur noch zu Hause herum und war oft schon betrunken, wenn Tobias mittags aus der

Schule kam. Seine Mutter arbeitete stundenweise als Putzfrau. Viel Geld hatten sie also nicht. Und nicht wenig davon ging auch noch für das Bier des Vaters drauf.

Tobias meinte, dass es die Väter, die in ihren Schulbüchern auftauchten, im richtigen Leben gar nicht gebe. Jedenfalls habe er so einen noch nicht getroffen. In den Büchern machten sie Ausflüge mit ihren Kindern, spielten Fußball oder fuhren zusammen in den Urlaub.

Als er sechs oder sieben Jahre alt gewesen war, hatte sein Vater auch noch manchmal eine Radtour mit ihm gemacht. Aber seit einigen Jahren gab es nur noch Stress mit ihm. Man konnte ihm nie etwas recht machen. Wenn Tobias Probleme in der Schule hatte, bekam er Hausarrest, manchmal sogar Prügel. Da blieb keine Chance für Erklärungen.

Jetzt war Tobias 14 und sein Vater und er hatten sich nicht mehr viel zu sagen. Sie trafen sich natürlich in der Wohnung, aber Tobias ging seinem Vater nach Möglichkeit aus dem Weg. Dieser Mann hatte mit seinem Leben nichts mehr zu tun.

Und darum war Kristina eigentlich ganz froh, dass ihre Mutter so war, wie sie war. Es hätte schlimmer sein können.

6

In den Tagen nach diesem Wochenende war Kristina fest entschlossen, jeden Nachmittag zu lernen, ihre Aufgaben zu machen, eben alles zu tun, damit ihre Mutter nicht mehr traurig war und sie am Ende des Schuljahres wenigstens keine Fünfen auf dem Zeugnis hatte. Aber das war leichter gesagt als getan. Tobias und seine Freunde waren natürlich auch dafür, dass Kristina lernte. Klar doch! Warum auch nicht? Aber bitte schön nicht an den Nachmittagen, wenn sie sich in Kristinas Wohnung treffen wollten.

Die Jungen waren richtig sauer auf Kristina, als sie vorsichtig sagte, dass sich die Bande ja auch einmal woanders treffen könnte.

„Du kannst ja lernen, während wir da sind. Du störst uns nicht", meinte Patrick.

Das war auch nicht das Problem. Kristina selbst fühlte sich gestört. Wenn sie in ihrem Zimmer saß und das Lachen und die Stimmen im Wohnzimmer hörte, dann waren ihr auf einmal die englischen Vokabeln egal und sie sctztc sich zu den anderen ins Wohnzimmer.

Gerade jetzt wurde es wieder spannend. Der Vorfall mit der Polizei geriet allmählich in Vergessenheit – und Tobias wurde langsam unruhig. So schön die

Treffen in Kristinas Wohnung auch waren, man konnte nicht immer nur rumhängen und reden. Irgendetwas musste passieren.

Die Pfingstferien begannen. Eine Woche Ferien, das waren neun Tage Langeweile.

Einige aus Kristinas Klasse fuhren mit ihren Eltern in den Urlaub: eine Woche ans Meer, zum Schnorcheln nach Ägypten oder ganz einfach zum Shoppen nach London. Die meisten Eltern aber hatten für so etwas kein Geld.

Auch Kristina war noch nie richtig in den Urlaub gefahren. In den Ferien schlief sie morgens lange, saß an ihrem Computer oder zappte sich stundenlang durchs Fernsehprogramm, immer in der Hoffnung, etwas Interessantes zu finden.

So ging es den meisten. Und wenn es auch noch pausenlos regnete, sehnte man sich tatsächlich nach der Schule. Denn dort war, einmal abgesehen von den langweiligen Unterrichtsstunden, meist mehr los als zu Hause.

An so einem öden Tag hatte Tobias die entscheidende Idee. Sie sorgte dafür, dass es wochenlang keine Langeweile mehr gab – aber jede Menge Kribbeln im Bauch. Kristina hatte vorher Magenschmerzen und hinterher Albträume, aber es war herrlich.

Tobias machte es diesmal besonders spannend. Er sagte kein Wort über das, was er vorhatte, winkte ihnen nur, dass sie ihm folgen sollten. Er führte sie zum S-Bahnhof, wo alle zehn Minuten die Züge Richtung Hauptbahnhof abfuhren. So mussten sie nicht lange warten. Sie stiegen ganz hinten in ein Abteil, das um diese Zeit – gegen elf Uhr morgens – leer war. Natürlich hatten sie keine Fahrkarten gekauft, aber Tobias war sicher, dass auf der Strecke bis zu den nächsten zwei oder drei Haltestellen noch nie ein Kontrolleur aufgetaucht war. Und Tobias kannte sich aus.

Sie fuhren also los und hatten immer noch keine Ahnung, was Tobias ihnen eigentlich zeigen wollte. Sie waren sehr gespannt und wurden ungeduldig, als der nächste Bahnhof kam und Tobias auch jetzt noch nichts verraten wollte. Vor allem Sven hielt es vor Aufregung kaum noch aus.

„Cool bleiben, Leute!", sagte Tobias nur. „Erklären kann man das nicht. Ich zeig's euch."

Der Zug fuhr aus dem Bahnhof und wurde immer schneller. Die Strecke bis zum nächsten Bahnhof war die längste ohne Halt. Tobias war aufgestanden und hatte sich an die Tür gestellt. Prüfend schaute er hinaus. Die anderen sahen ihm gespannt zu. Was hatte er bloß vor?

Plötzlich riss er die Tür auf und kletterte hinaus. Kristina schrie erschrocken auf. Wenn er abstürzte!

Aber Tobias machte das ganz offensichtlich nicht zum ersten Mal. Erst hielt er sich von außen an der Tür fest. Dann kletterte er nach oben und war auf einmal verschwunden. Kristina, Sven und Patrick rannten zur Tür und schauten hinaus. Kristina beugte sich so weit vor, dass sie beinahe hinausgerissen worden wäre. Zum Glück zog Patrick sie im letzten Moment zurück.

Vorsichtig spähten sie durch die offene Tür nach draußen. Wo war Tobias? Da! Patrick zeigte mit dem Finger nach oben. Tobias lag auf dem S-Bahn-Wagen und winkte ihnen zu. Seine Haare flogen im Fahrtwind wild durcheinander. Er strahlte übers ganze Gesicht.

Dann sprang er plötzlich auf und fing an hektisch zurückzuklettern.

„Los, weg von der Tür!", schrie er und stieß sie so grob zurück, dass sie im Wagen auf den Boden fielen. In diesem Moment knallte es ganz furchtbar. Kristina schrie auf, aber der Zug war nur in den Tunnel gefahren.

Tobias war blass. Er schrie sie wütend an: „Wieso blockiert ihr die Tür, ihr Idioten? Man muss wieder drin sein, bevor der Tunnel kommt!"

Warum das so wichtig war, brauchte er ihnen nicht zu erklären. Schließlich waren sie alle in der Schule und zu Hause ausreichend gewarnt worden, ja nicht so einen Blödsinn wie S-Bahn-Surfen zu machen. Ein Lehrer von Kristina hatte der Klasse sogar Bilder von einem Jungen gezeigt, der ausgerutscht und auf die Schienen gefallen war. Jetzt saß er für den Rest seines Lebens im Rollstuhl und konnte sich kaum mehr bewegen.

Kristina hatte das Bild damals betrachtet und gedacht: Wie kann man nur so dumm sein? Das war doch viel zu gefährlich. Das wusste man einfach. Sie würde so etwas nie machen … Hatte sie gedacht.

Zunächst einmal waren tatsächlich alle geschockt bei dem Gedanken, dass Tobias beinahe an der Tunnelwand zerquetscht worden wäre. Sie vergaßen sogar fast auszusteigen. Mit wackligen Beinen sprangen sie aus der Bahn und liefen auf die andere Seite des Bahnsteigs. Schweigend standen sie da und warteten auf den Zug in die Gegenrichtung.

Auf der Rückfahrt waren alle immer noch sehr schweigsam.

Erst als sie wieder in Kristinas Wohnung saßen, meinte Sven auf einmal: „Morgen versuch ich das auch!"

„Es ist ein irres Gefühl", sagte Tobias und seine Augen leuchteten. „Du fühlst dich total geil da oben. Wie der King. Am besten ist es, wenn man steht."

So fingen sie an, täglich auf der S-Bahn zu surfen. Die ersten Male war Kristina nur Zuschauerin. Sie traute sich einfach nicht, durch die Tür nach draußen zu klettern. Aber jedes Mal, wenn die anderen zurückkamen und mit leuchtenden Augen erzählten, wurde sie neidisch. Warum sollte sie das nicht auch schaffen? Und wer sagte denn, dass ausgerechnet einer von ihnen abstürzen musste?

Sven spottete: „Mädchen haben einfach weniger Mut als Jungen. Hab ich doch schon immer gesagt!" Da verdrängte Kristina ihre Angst und kletterte mit hinaus.

Sie war überrascht, wie leicht es war. Selbst das Hochklettern. Sonst war Kristina im Sport nicht so gut, aber hier trieb die Angst sie hoch. Sie wusste einfach, wo sie ihren Fuß hinsetzen musste, damit sie nicht abstürzte.

Und wenn man erst einmal oben war, vergaß man die Angst. Kristina breitete die Arme aus und glaubte durch die Luft zu fliegen. Man konnte es mit Worten nicht beschreiben. Es kribbelte im Bauch und im Kopf, einfach überall.

„Der Tunnel!"

Kristina stand oben und vergaß alles um sich herum. Sie wünschte, sie könnte immer dort stehen und fliegen.

„Der Tunnel!" Tobias' Schrei kam von weit weg.

Alle anderen waren schon wieder hinuntergeklettert. Kristina stand allein da und träumte: Sie war ein Vogel und flog davon … schneller, schneller und immer schneller …

„Kris…ti…na!! Der Tunnel!"

Der Tunnel! Kristina zuckte zusammen.

Man muss wieder unten sein, bevor der Tunnel kommt! Tobias' Grundregel! Sie konnte die Öffnung schon sehen. Das schaffte sie nicht mehr.

Sie musste es schaffen!

Sie warf sich platt auf den Bauch. Dann hangelte sie sich am Waggon entlang nach unten.

Wieder fielen ihr Tobias' Worte ein: „Die Einfahrt in den Tunnel ist zu flach. Du wirst runtergefegt. Du musst zurück in den Waggon!" Das hatte er ihnen mehrmals gesagt. „Es kann nicht viel passieren. Aber du darfst da oben die Zeit nicht vergessen!"

Kristinas Hände waren blutig, ihr Gesicht zerkratzt, aber sie schaffte es. Sie stand gerade wieder in der Tür, als der Zug in den Tunnel fuhr. Es knallte. Es fühlte sich an, als würden ihre Ohren platzen. Aber sie hatte es tatsächlich geschafft.

Den ganzen Weg nach Hause war es, als schwebte sie. Sie breitete die Arme aus und segelte die Straße entlang. Die Jungen sahen ihr lachend zu. „Die ist verrückt geworden."

„Sie hat 'nen Höhenkoller", meinte Patrick, der früher einmal mit seinen Eltern in den Alpen gewandert

war. „Den kriegt man auch ganz oben in den Bergen. Da ist die Luft eben sehr dünn."

Noch am Abend zitterten Kristinas Beine und in ihrem Bauch kribbelte es. Sie legte erst einmal einen Tag Pause ein. Aber länger hielt sie es nicht aus. Sie musste einfach weitermachen.

Etwa eine Woche später wären sie beinahe erwischt worden. Als Tobias die Tür öffnete, machte es „klick". Er zog die Tür wieder zu. „So 'ne Scheiße! Die blitzen!"

Er hatte in der Zeitung gelesen, dass die Polizei auf manchen Strecken Kameras aufstellte.

An diesem Tag surften sie nicht. Tobias hatte die Nase voll. Er hatte Angst vor seinem Vater. Also fuhren sie ziemlich frustriert wieder nach Hause.

Sechs Tage lang warteten sie auf eine Mitteilung der Polizei, aber es kam nichts. Jeden Tag versuchten sie, den Briefträger schon auf der Straße abzufangen, und jeden Tag wurden sie ungeduldiger.

„Fehlalarm!", meinte Sven. „Wenn die ein Bild von uns hätten, wären sie längst hier." Schließlich hielten sie es nicht mehr aus und zogen wieder zur S-Bahn.

Bevor sie jetzt aber die Tür öffneten, banden sie sich Tücher vors Gesicht. So wie Bankräuber. Nur ihre Augen waren noch zu sehen. Da konnte die Polizei so viele Fotos machen, wie sie wollte, erkennen würde sie keiner.

Die Tage flogen nur so dahin. Langeweile? Was sollte das sein?

Peter, ein Mitschüler, hatte zum Geburtstag ein Surfbrett geschenkt bekommen. Das neueste Modell mit einem gelb-schwarzen Segel und seinem Namen darauf. Er war in den Ferien mit seinem Vater ans Meer gefahren und berichtete begeistert von seinen Abenteuern auf den hohen Wellen. Da konnte Kristina nur lachen. Früher war sie manchmal neidisch gewesen. Teure Geschenke und tolle Urlaubsreisen bekam sie nicht von ihrer Mutter. Aber jetzt machte ihr das nichts mehr aus. Ihr Surfbrett war die S-Bahn, größer und wilder als Peters Brett. Wasser und Wellen? Sie flog durch die Luft!

Und dann war alles von einem Tag auf den anderen vorbei. Das war der Tag, an dem Paul verschwand. Er gehörte zu Jonas' Bande und Kristina kannte ihn nur aus der Schule. Auch Jonas surfte mit seiner Bande. Das wusste sie von Tobias. Meistens spätabends, weil es in der Dunkelheit noch spannender war.

Paul verschwand spurlos. Mehr als zwei Wochen lang suchten seine Eltern und die Polizei nach ihm. Auch Tobias und seine Freunde wurden befragt. Aber sie wussten ja nichts Genaues. Sie ahnten nur, was passiert war.

Gleisarbeiter fanden ihn schließlich im Tunnel. Er hatte es wohl nicht mehr geschafft und war abgestürzt, als der Zug dort hineinfuhr.

Sie waren alle auf der Beerdigung. S-Bahn-Surfen war kein Thema mehr.

7

In den nächsten Wochen saßen sie wieder fast jeden Nachmittag bei Kristina in der Wohnung herum, sahen sich Filme an und spielten an der Konsole.

Kristina war irgendwie froh darüber. Das Bauchkribbeln, das sie beim Surfen auf der S-Bahn gesammelt hatte, würde noch eine ganze Weile halten.

Was die anderen darüber dachten, wusste sie nicht so genau. Ob Sven, Patrick oder Tobias auch manchmal überlegten, dass es einen von ihnen hätte treffen können? Sie sprachen nicht darüber. Es war, als hätte es die letzten Wochen nicht gegeben.

In dieser Zeit kam Kristina auch wieder dazu, für die Schule zu lernen. Sie schrieb insgesamt weniger Fünfen, aber ob es reichen würde? Immerhin übte nun die Mutter, wie versprochen, jedes Wochenende mit ihr.

Kristina fühlte sich hin- und hergerissen. Auf der einen Seite hatte sie ein schlechtes Gewissen der Mutter gegenüber, die sich große Mühe mit ihr gab und sich jetzt auch am Wochenende wieder mehr Zeit für Kristina nahm. Auf der anderen Seite konnte sie ihre Freunde nicht einfach im Stich lassen. Sie brauchten die Wohnung und Kristina war gerne mit ihnen zusammen. Sie gehörten zu ihrem Leben wie ihre Mom. Allerdings zu einem Leben, von dem die Mutter nichts wissen durfte.

Seltsamerweise hatte Kristina das Gefühl, dass es ewig so weitergehen könnte. Dabei war doch eigentlich klar, dass irgendwann etwas passieren musste. So wie immer etwas Außergewöhnliches passiert war, seit sie Tobias kannte. Sie ahnte nicht, dass sich die nächste Aufregung schon ankündigte, während sie mit ihren Freunden auf dem Sofa saß und Cola trank.

Jonas war nämlich keinesfalls so ahnungslos, wie Kristina gedacht hatte. Er hatte längst herausgefunden, dass sich Tobias und seine Bande fast täglich in Kristinas Wohnung trafen. Er hatte Kristina gewarnt, aber die kleine Kröte nahm ihn offenbar nicht besonders ernst. Er beobachtete genau, wann Tobias und seine Freunde kamen und wann sie wieder gingen. Die taten so, als würden die Straßen vor Kristinas Haus nicht ihm, Jonas, gehören.

Jonas wartete nur auf einen guten Moment, um sich für die Unverschämtheiten zu rächen. Und dieser Moment kam eher als erwartet.

Tobias hatte Geburtstag, aber er feierte nicht. Geburtstage waren in seiner Familie nicht wichtig. Früher, als er noch klein war, war das anders gewesen. Aber jetzt?

Als Kristina ihn an diesem Morgen traf, war sie die Erste, die ihm gratulierte. Das Computerspiel, das sie ihm schenkte – sie hatte es doppelt –, würde wohl das einzige Geschenk bleiben, das er zu seinem Geburtstag bekam. „Vielleicht heute Mittag, wenn du aus der Schule kommst. Dein Vater hat doch noch geschlafen …", versuchte sie ihn zu trösten.

Aber Tobias wollte gar nicht getröstet werden. Er schüttelte nur den Kopf. „Glaub ich nicht. Ist ja auch egal. Ich brauch so 'ne blöde Feier nicht." Ein wenig traurig sah er aber schon aus, obwohl seine Worte cool klangen.

Schweigend ging Kristina neben ihm her zur Schule. In der Pause zog sie Sven und Patrick beiseite. „Wir machen bei mir eine Geburtstagsfeier. Ich kaufe Chips und Getränke."

Sven und Patrick informierten die anderen. Alle waren begeistert. Das würde bestimmt eine Megaüberraschungsgeburtstagsfeier für Tobias geben.

Kristina konnte es kaum abwarten, dass die Schule an diesem Vormittag aus war. Zu Hause schmückte sie die Wohnung mit Girlanden und Luftballons – Überreste von ihrer eigenen Geburtstagsfeier. Sie machte alles so, wie es ihre Mutter für sie tat. Zum Schluss stellte sie 15 Teelichter auf einen Teller. Dann schaute sie sich zufrieden um. Perfekt!

Sie schnappte sich die Einkaufstasche und lief aus dem Haus. Sie hatte sich mit Sven und Patrick vor dem Supermarkt verabredet und war spät dran. Zum Abendessen wollte sie Würstchen heiß machen, mit Toast und Ketchup. Die Mutter hatte erst neulich drei Dosen gekauft. Es sollte eine Geburtstagsfeier werden, an die Tobias noch lange denken würde.

Tatsächlich wurde es eine denkwürdige Feier, wenn auch ganz anders, als Kristina es geplant hatte.

Sie lief gerade am Spielplatz am Ende der Straße vorbei, als auf einmal hinter einem Busch drei Jungen vor ihr auftauchten und ihr den Weg versperrten: Jonas und seine Bande! Kristina versuchte noch ihnen auszuweichen, aber Jonas hielt sie an der Jacke fest. Er kam mit seinem Gesicht ganz nah an Kristina heran und zischte böse: „Hab ich dich gewarnt oder etwa nicht? Na los, du bist doch sonst auch nicht so stumm!"

Kristina brachte kein Wort heraus.

„Na schön, dann antworte ich für dich: Natürlich hab ich dich gewarnt! Halt dich da raus oder es passiert was, hab ich gesagt. Hab ich das?"

Kristina schwieg. Erst als einer der Jungen ihr auf den Rücken schlug, nickte sie.

„Okay, dann hast du dir alles, was jetzt kommt, selbst zuzuschreiben. Ich hab dich gewarnt."

Sie packten Kristina und zerrten sie über den Spielplatz bis zum Bauhausplatz. Hier war Kristina noch nie gewesen. Sie hatte nur von Weitem die Holzhäuser gesehen, die einige Jugendliche unter Anleitung eines Sozialarbeiters aus Brettern gebaut hatten. Grob mit Nägeln zusammengehalten, standen acht Hütten um einen Grillplatz herum. Seitdem sie fertig waren, spielte hier aber kaum noch jemand. Und so war auch an diesem Tag keiner zu sehen. Kristina hatte Angst.

Die Jungen nahmen Kristina das Handy weg und schleppten sie zu einer Hütte. Jonas stieß sie hinein und verschloss die Tür von außen. Dann setzten sich

die drei davor und fingen an zu rauchen. Kristina hörte, wie sie Bierdosen öffneten und sich gegenseitig zuprosteten.

„Klasse gemacht!", lobte Jonas sich selbst und seine Leute. „Das wird Tobias und den anderen gar nicht gefallen."

In der Hütte war es dunkel. Nur durch einige schmale Spalte kam Sonne herein. Kristina befühlte die Wände. Vielleicht war irgendwo ein Brett locker. Vergeblich. Dafür fiel ein Sonnenstrahl in eine Ecke, in der ein riesiges Spinnennetz war. Die Spinne selbst war nirgendwo zu sehen. Sie krabbelte bestimmt hier in der Hütte herum. Kristina schrie auf. Sie ekelte sich vor Spinnen.

Jonas pochte von draußen an die Tür. „Ruhe da drinnen. Sonst fesseln und knebeln wir dich."

Kristina legte die Hand vor den Mund. Sie lehnte sich an eine Wand, leise, um kein Geräusch zu machen, und fing an zu weinen. Wer würde sie hier schon finden? Keiner wusste, wo sie war.

In diesem Punkt täuschte sich Kristina zum Glück. Sven und Patrick, die vor dem Supermarkt ungeduldig auf Kristina gewartet hatten, waren ihr ein Stück entgegengegangen und sahen gerade noch, wie Jonas und seine Leute mit ihr auf dem Spielplatz verschwanden. Vorsichtig schlichen die beiden hinterher und beobachteten, wie Kristina in das Holzhaus gesperrt wurde.

So schnell sie konnten, rannten sie zu Tobias. Dann mussten sie nur noch vor Kristinas Haus warten, bis die Geburtstagsgäste eintrafen.

„Zehn gegen drei!“, meinte Tobias zufrieden. „Das dürfte reichen.“

Sven und Patrick wurden vorgeschickt, um die Lage auszukundschaften. Die anderen folgten. Sie schlichen sich von hinten an die Holzhütten heran. Schon von Weitem hörten sie die Stimmen von Jonas und den anderen Jungen. Sie sangen und grölten aus vollem Halse.

Kristina wurde in ihrem Gefängnis immer ängstlicher. Sie konnte durch ein Loch erkennen, dass die drei schon ziemlich angetrunken waren, und fragte sich voller Angst, was sie mit ihr machen würden.

Dann hörte sie auf einmal eine bekannte Stimme: „Attacke! Macht sie nieder!“

Tobias! Kristina hielt die Luft an. Sie hörte, wie Jonas aufgeregt Befehle gab. Leider konnte sie nicht erkennen, was genau passierte. Ein wildes Gepolter vor dem Haus – dann endlich wurde die Tür geöffnet.

Tobias stürmte herein. „Alles in Ordnung?“

Kristina nickte. Sie wäre ihm am liebsten um den Hals gefallen, so glücklich war sie, von Jonas – und von der Spinne – wegzukommen.

Jonas und seine Freunde hatten die Flucht ergriffen, als sie sahen, wie viele Angreifer auf sie losgingen. Aber ein paar Schläge hatten sie abbekommen. Kristinas Handy lag auf der Wiese vor der Hütte.

Kristina wurde im Triumphzug nach Hause begleitet und dann endlich konnte die Geburtstagsfeier starten. Tobias war genauso überrascht, wie sie es gehofft hatte.

Als sie alle mit Würstchen versorgt waren und mit Cola auf Tobias und ihren Sieg über Jonas' Bande anstießen, blickte Kristina glücklich in die Runde. Das hier waren ihre Freunde und sie gehörte dazu. Sie wollte es so – egal, welchen Ärger es mit ihrer Mutter gäbe, wenn sie das irgendwann herausfinden würde.

8

Zwei Tage später saß Kristina wieder einmal mit Sina und ihrem Fernglas auf der Fensterbank. Es war ein richtig gutes Fernglas. Damit konnte man vom Fenster aus bis in die entfernteste Ecke des Parkplatzes sehen. Sie konnte auch die Stelle erkennen, an der Jonas und sein Freund sie bedroht und in die Pfütze gestoßen hatten.

An diesem Tag war draußen nicht viel los. Es wehte ein ziemlich kalter Wind. Nur auf dem Tennisplatz spielten noch ein paar Leute. Kristina seufzte. Tobias würde erst in einer halben Stunde kommen. Draußen gab es nichts zu sehen. Sie sollte vielleicht doch mit ihren Hausaufgaben anfangen.

Sie stand auf, warf einen letzten Blick aus dem Fenster und schaute noch einmal durch ihr Fernglas. Über den Parkplatz kamen fünf Jungen gelaufen. Sie schauten sich immer wieder um, als fürchteten sie verfolgt zu werden.

Mit ihrem Fernglas holte Kristina die Gesichter ganz nah heran. Sie waren 14 oder 15 Jahre alt. Alle hatten die Haare abrasiert bis auf einen schmalen Streifen in der Mitte: Irokesenschnitt. Bei jedem war der Haarstreifen anders gefärbt: rot, grün, blau, violett und gelb. Lustig sahen sie aus.

Kristina verfolgte gespannt, wie die Jungen vom Parkplatz in ihre Straße einbogen. Auf einen Wink des Anführers verteilten sie sich. Und dann ging alles sehr schnell.

Kristina hielt oben an ihrem Fenster die Luft an. Wenn Jonas das wüsste!

Aus ihren Jacken hatten die Jungen Spraydosen gezogen und besprühten die Häuser. Aber was sie machten, hätte selbst Patrick nicht als Kunst bezeichnet. Es waren keine Bilder, nur schwarze Linien, auf denen kleine und große schwarze Punkte tanzten, im Vorbeigehen aufgesprayt.

Jonas würde ausflippen! Die Jungen gehörten eindeutig nicht zu seiner Bande. Sie kannte inzwischen die Bilder von Jonas und seinen Leuten. Patrick behauptete zwar, sie seien viel schlechter als seine eigenen, aber Kristina gefielen sie ganz gut.

Die Jungen verschwanden so plötzlich, wie sie gekommen waren. Und genauso plötzlich tauchte Jonas auf. Er kam aus dem Haus, blieb dann abrupt stehen. Kristina holte sein Gesicht durch ihr Fernglas ganz nah heran. Seine Augen waren riesig geworden. Er starrte auf die schwarzen Linien. Sein Gesicht war hochrot, der Mund zornig verzogen. Wohin er auch sah, überall schwarze Linien mit kleinen und großen Punkten.

Plötzlich schaute er hoch und entdeckte Kristina am Fenster.

Damit hatte sie nicht gerechnet. Sie sah Jonas' wutverzerrtes Gesicht. Er hob die Faust und schüttelte sie drohend in ihre Richtung. Erschrocken sprang Kristina vom Fenster zurück. Jonas dachte bestimmt, dass ihre Bande das gemacht hatte. Als Rache für Kristinas Entführung. Sicher würde er ihr wieder auflauern. Ihr war schlecht vor Angst.

Das Reizgas! Ohne die Dose mit dem Gas würde sie keinen Schritt mehr vor die Tür gehen. Sie lief ins Schlafzimmer der Mutter und durchsuchte alle Schränke. Aber ihre Mom hatte die Dose anscheinend längst weggeworfen. Tobias musste ihr endlich eine neue besorgen.

Kristina stellte sich wieder ans Fenster und wartete. Schließlich kam Tobias um die Ecke gelaufen. Fast gleichzeitig tauchte Jonas aus einem Hauseingang auf. Er verstellte Tobias den Weg und schlug ihm ins Gesicht. Tobias, der mit diesem Angriff überhaupt nicht gerechnet hatte, konnte sich nicht einmal mehr ducken. Er schwankte kurz und knickte fast mit den Knien ein.

Kristina oben am Fenster war ganz blass vor Schreck. Durch ihr Fernglas konnte sie erkennen, wie Tobias das Blut aus der Nase lief. Jonas schubste ihn, sodass er stolperte und hinfiel. Bevor Jonas aber weiter auf ihn einschlagen konnte, wurde er selbst von hinten angegriffen. Sven und Patrick stürzten sich auf ihn. Er trat noch einmal nach Tobias und ergriff dann die Flucht.

Sven und Patrick halfen Tobias auf die Beine und stützten ihn, weil er stark humpelte.

Kristina wartete schon im Treppenhaus auf sie. In der Wohnung reinigte sie Tobias' Gesicht mit warmem Wasser und versorgte ihn mit einem Glas Cola. Er saß im Sessel und erholte sich nur langsam. Seine Nase blutete und war ziemlich geschwollen. Was ihm aber eigentlich zu schaffen machte, war der Schock darüber, dass Jonas ihn mitten am Tag angegriffen hatte – ihn, den Boss der Bande.

Rache! Das war das Thema der nächsten Stunden. Was bildete sich dieser Jonas eigentlich ein? Erst griff er Kristina an, nur weil sie Tobias die Tür geöffnet hatte. Und jetzt Tobias! Dass er wütend über die Schmierereien in seiner Straße war, konnten alle verstehen. Das musste natürlich bestraft werden. Das würde Tobias genauso machen. Aber er hätte erst sicher sein müssen, dass es wirklich Tobias gewesen war. Einfach zuschlagen, nur weil er dachte, Tobias sei schuld? Nein, so lief das nicht!

„Wir lauern ihm auf und fangen ihn ein!", schrie Sven und fuchtelte wild mit den Armen in der Luft herum. „Er verdient mindestens eine blutige Nase."

Noch am gleichen Nachmittag rief Tobias alle seine Freunde in Kristinas Wohnung zusammen. Ein Krieg gegen Jonas' Bande war angesagt!

Der Angriff musste sorgfältig geplant werden, denn Jonas rechnete natürlich mit Tobias' Rache. Immer neue Pläne wurden in den nächsten Tagen geschmiedet und wieder verworfen. Stundenlang saßen sie zusammen und diskutierten, ohne dass jemand die entscheidende Idee hatte.

Kristina wünschte sich wohl von allen am meisten, dass der Kampf endlich losging. Sie hatte Angst! Angst, zur Schule zu gehen, und Angst vor den Träumen in der Nacht. Jonas hatte sie schon zweimal angegriffen. Warum sollte er es nicht ein drittes Mal tun?

Da half es ihr auch nicht viel, dass Tobias ihr inzwischen eine neue Dose mit Reizgas besorgt hatte. Immer wenn sie jetzt aus dem Haus ging, hielt sie in ihrer Tasche die Dose griffbereit. Aber würde sie schnell genug sein? Oder wieder vor Schreck bewegungslos? Dann würde das Reizgas nichts nützen.

Es ging los, ehe die Vorbereitungen richtig abgeschlossen waren. Und es war Kristina, die den Startschuss gab.

Sie saß auf ihrer Fensterbank und schaute mit Sina im Arm durch ihr Fernglas. Plötzlich sah sie die Jungen mit dem Irokesenschnitt. Wollten sie wieder sprayen? Sie rief Tobias an.

„Die Typen, die diese Schmierereien gemacht haben, sind wieder da!", schrie sie aufgeregt in ihr Handy. „Kommt schnell! Wenn wir uns beeilen, können wir sie noch auf frischer Tat ertappen!"

Zehn Minuten später war die ganze Bande versammelt. Mit Stöcken, Klappmessern und Schlagringen bewaffnet, gingen sie auf die anderen los, die tatsächlich wieder damit begonnen hatten, ihre Linien und Punkte zu sprayen.

Kristina musste zuschauen und war anfangs böse auf Tobias, der ihr verboten hatte mitzumachen. „Stell dir vor, ich bin dein älterer Bruder!", sagte er, als sie ihn wütend anfauchte, was ihm einfalle. „Du bist mindestens zwei Jahre jünger als die anderen und ich will nicht, dass sie dir etwas tun!"

Jetzt, als sie von oben das Kampfgetümmel beobachtete, war sie doch ganz froh, nicht dabei zu sein. Aber das hätte sie Tobias nie gesagt. Sonst bildete er sich noch ein, sie wäre einverstanden mit seiner Idee vom großen Bruder. Sie suchte ihn durch ihr Fernglas und war sehr erleichtert, als sie sah, dass er sich wacker schlug.

Inzwischen war auch Jonas mit seinen Freunden eingetroffen. Wenn in den Straßen der Siedlung irgendein Kampf stattfand, wusste das bald jeder. Auf dem Bürgersteig, in den Hauseingängen, auf der Straße, überall wurde gekämpft.

Plötzlich klingelte es. Patrick stand vor der Tür und hielt ihr seine blutende Hand hin. Kaum hatte sie ein Pflaster daraufgeklebt, als es ein zweites Mal klingelte. Svens Freundin Maren kam hereingehumpelt. Sie wurde von Kristina mit Cola und einem Kissen versorgt. Stöhnend sank sie in einen Sessel.

Es schien sich schnell herumzusprechen, dass in Kristinas Wohnung so eine Art „Notpraxis" entstanden war, wo man mit Pflastern und Getränken versorgt wurde. Kristina hatte alle Hände voll zu tun. Sie freute sich, dass sie mit dabei war. Anders als gedacht, aber doch genauso wichtig wie die anderen.

Als der Erste von Jonas' Bande auftauchte, zögerte Kristina. Sie starrte den Jungen entsetzt an. Er zeigte auf sein Knie, über das eine ziemlich tiefe Schnittwunde ging.

„Tut weh!", meinte er.

Kristina bewegte sich nicht.

„Im Krieg muss der Arzt jedem helfen!", brummte der Junge. „Arzt und Krankenschwester sind neutral. Haben wir in der Schule gelernt."

Kristina reagierte immer noch nicht. Erst als Bluts-
tropfen auf den Teppich fielen, griff sie hektisch nach
einem Tuch und legte es auf die Wunde. Dann klebte
sie ein großes Pflaster darauf.

„Hier soll es Cola umsonst geben", sagte der Junge.

„Nur für Freunde", antwortete Kristina.

Als er sie vorwurfsvoll anschaute, drückte sie ihm
ein, wenn auch nur halb gefülltes, Glas in die Hand.
Patrick, der auch gerade im Wohnzimmer war, sah
den Jungen und ging mit erhobenen Fäusten auf ihn
los. „Du Dreckschwein! Was willst du hier?"

Aber ehe er zuschlagen konnte, stellte sich Kristina
dazwischen. Das hatte ihr gerade noch gefehlt. Die

Wohnung sah jetzt schon aus wie ein Schlachtfeld, überall Pflaster und leere Colagläser.

„Aufhören! Sofort aufhören!", schrie sie. Patrick schaute sie verblüfft an. „Hier wird nicht gekämpft. Das ist meine Wohnung! Wenn du wieder fit bist, kannst du ja unten auf der Straße weitermachen." Kristina sagte das so bestimmt, dass Patrick langsam die Fäuste herunternahm, stumm seine Cola austrank und ohne ein weiteres Wort zur Wohnungstür hinaustrottete.

Kristina sah ihm nach und holte tief Luft. Dann ging sie in ihr Zimmer, nahm einen Zettel und schrieb mit roten Buchstaben darauf:

Neutrale Zone.
Kämpfen verboten!

Den Zettel befestigte sie an der Wohnungstür. Sie war entschlossen, jeden hinauszuwerfen, der sich nicht daran hielt.

Kristina klebte weiter Pflaster auf und schenkte Cola aus. Es war ihr längst egal, zu welcher Bande die Verletzten gehörten. Sie sah nur noch die Wunden und die erschöpften Gesichter.

Am Ende gab es keinen Sieger und keinen Verlierer. Die Polizei beendete die Schlacht. Von einem

Nachbarn alarmiert, fuhren drei Polizeiautos mit heulenden Sirenen in die Straße ein.

Sofort brachen die Kampfhandlungen ab und alle rannten auseinander. Ehe die Polizisten aussteigen konnten, war die Straße leer. Nur zurückgebliebene Stöcke, Klappmesser und ähnliche Waffen zeigten, dass hier ein Kampf stattgefunden hatte.

Als die letzten Verwundeten Kristinas Wohnung verlassen hatten, begann für sie noch einmal die Arbeit. Sie spülte Colagläser, räumte Pflasterpapier weg, staubsaugte und beseitigte Blutflecken aus dem Wohnzimmerteppich. Sie schaffte es gerade bis Mitternacht, dass die Wohnung wieder einigermaßen ordentlich aussah.

Zwei Minuten bevor die Mutter die Tür aufschloss, fiel Kristina todmüde ins Bett. Zum ersten Mal seit Tagen schlief sie die ganze Nacht, ohne aufzuwachen oder böse Träume zu haben.

9

Die Schlacht war vorbei, der Bandenkrieg ging trotzdem weiter. Kristina war das egal. Am nächsten Morgen verließ sie ohne Angst im Bauch das Haus. Sie konnte sich nicht vorstellen, dass Jonas sie noch einmal angreifen würde, nachdem sie auch die Jungen aus seiner Bande verarztet hatte. Eine Garantie gab es zwar nicht, aber an diesem Morgen glaubte Kristina fest daran.

Dafür passierte am Nachmittag etwas, mit dem sie nicht gerechnet hatte. Es war der Tag, an dem alles anders wurde. Als Kristina Tobias, Sven und Patrick die Tür öffnete, merkte sie gleich, dass irgendetwas Besonderes in der Luft lag.

Zunächst lief aber alles so wie immer. Die drei hatten Chips und Cola mitgebracht und sie schauten sich zusammen einen Film an. Es war ein ziemlich spannender Streifen ab 16 und Kristina musste öfter die Augen schließen. Trotzdem merkte sie, dass die Jungen sie beobachteten. Sven schien sogar mehr auf sie als auf den Film zu achten.

„Na, ich weiß nicht", meinte er an einer besonders spannenden Stelle, als Kristina sich ein Kissen vor das Gesicht hielt. „Sie hält die Spannung nicht aus. Sie schafft es einfach nicht."

Tobias warf ihm einen bösen Blick zu. „Zwei zu eins. Wir haben abgestimmt. Wir versuchen es einfach."

Als der Film zu Ende war, sagte Tobias: „Du bist jetzt seit drei Monaten in unserer Bande, aber so richtig dazu gehörst du nicht."

Kristina bekam einen großen Schreck. Bis in ihren Bauch hinein grummelte es. Sie wollten sie loswerden. Das hatte sie immer befürchtet. Schließlich waren sie mindestens zwei Jahre älter und hatten normalerweise keine Lust, sich mit so Kleinen wie ihr abzugeben.

Sie hatte gewusst, dass das passieren würde. Irgendwann wollten sie wieder unter sich sein. Darum waren sie heute auch so komisch. Sie holte tief Luft und biss die Zähne ganz fest zusammen. Sie würde nicht weinen, obwohl sie bei dem Gedanken, dass sie ab jetzt wieder allein zu Hause sitzen würde, mit den Tränen kämpfen musste. Nein, den Gefallen würde sie ihnen nicht tun.

„Jeder, der richtig zu unserer Bande gehören will, muss eine Mutprobe machen", sagte Tobias und die anderen beiden nickten.

„Ich darf bei euch bleiben?" Kristina konnte es kaum fassen.

„Wenn du die Mutprobe bestehst."

Kristina nickte. Klar, wenn es weiter nichts war. Sie würde alles dafür tun, um nicht wieder allein zu sein. Früher, da hatte sie viele Freundinnen gehabt. Aber jetzt hatte sie nur noch Tobias und seine Freunde.

„Was muss ich machen?"

Tobias schüttelte den Kopf. „Wird nicht verraten. Wenn du bereit bist, holen wir dich heute Abend um acht ab. Zieh dunkle Sachen an, damit man dich in der Dunkelheit nicht erkennt."

Mit diesen Worten standen die Jungen auf und gingen. Kristina blieb verwirrt zurück. Was war das wohl für eine Mutprobe? Bestimmt etwas Gefährliches und Verbotenes. Irgendetwas ansprayen. Vielleicht das Polizeigebäude? Oder etwas klauen. Sie hatte noch nie mitbekommen, dass Tobias etwas klaute. Aber sie glaubte auch nicht, dass er, Sven und Patrick die vielen Spraydosen, die sie verbrauchten, kaufen konnten. Geld hatten die drei nie.

Und so eine Mutprobe mit Klauen hatte sie schon einmal in einem Film gesehen. Allerdings war da gleich der Kaufhausdetektiv gekommen und hatte das Mädchen geschnappt. Überall waren Videokameras angebracht gewesen. Hoffentlich musste sie nichts klauen. Aber etwas anderes fiel ihr auch nicht ein.

Den ganzen Nachmittag grübelte Kristina. Sie saß vor dem Fernseher und schaltete von einem Programm ins andere. Aber sie nahm kaum wahr, was sie sah. Sie dachte an den Abend. Was würde sie machen müssen?

Die Zeit verging nur sehr langsam. Schon um sechs Uhr war Kristina fertig angezogen. Ganz dunkel, wie Tobias gesagt hatte: schwarze Jeans, brauner Rollkragenpullover, schwarze Jacke mit Kapuze, um ihre blonden Haare zu verdecken.

Je näher der Uhrzeiger auf acht Uhr vorrückte, desto aufgeregter wurde Kristina. Selbst die Mutter spürte etwas von dieser Stimmung, als sie um kurz vor acht anrief. „Geht es dir gut?", fragte sie besorgt. „Deine Stimme klingt so merkwürdig."

„Alles okay", sagte Kristina und bemühte sich fröhlich zu klingen.

„Am Wochenende nehmen wir uns Zeit. Wir könnten mal wieder ins Schwimmbad gehen!"

„Ja, machen wir." Kristina schaute nervös auf die Uhr. Das Wochenende war weit, ihre Mutprobe aber rückte immer näher.

Drei Minuten vor acht. Hoffentlich kamen sie nicht ausgerechnet jetzt. Dann würde die Mutter das Klingeln hören.

Aber es ging noch einmal gut. Kaum hatte Kristina aufgelegt, da kam Tobias. Auch er war schwarz angezogen.

Schweigend folgte sie ihm durch die Straßen. Es hatte den ganzen Tag geregnet. Auch jetzt hingen Wolken am Himmel. Auf einem schmalen Weg ging es nun durch den Wald. Von Weitem konnte man Autos hören. Der Weg führte auf eine Brücke, die über die Autobahn ging.

Hier trafen sie Sven und Patrick. Auch sie hatten dunkle Kleidung an und waren in der Dunkelheit kaum zu erkennen. Nur ihre Gesichter leuchteten weiß. Sie stellten sich an das Brückengeländer und schauten auf die Autos, die unter ihnen entlangfuhren. Keiner sagte etwas.

Kristina platzte fast vor Aufregung. Warum sagten sie nicht endlich, was sie machen sollte? Was war die Mutprobe?

Sie blickte von einem zum anderen. Warum fingen sie nicht an? Aber die Jungen sahen nur schweigend auf die Scheinwerfer der Autos, die aus der Ferne herankamen und unter ihnen entlangbrausten.

Endlich fing Tobias an zu reden. „Kristina!", sagte er mit feierlicher Stimme. „Willst du in unsere Bande aufgenommen werden?"

Kristina nickte. Deshalb war sie doch hier.

Sven stieß sie an. „Du musst das laut sagen."

„Ja", sagte Kristina. Ihre Stimme klang ganz gequetscht. „Ja!"

„Gut!", sagte Tobias. „In unserer Bande können wir keine Feiglinge gebrauchen. Darum muss jeder, der zu uns gehören will, eine Mutprobe bestehen."

Er schaute Kristina an. Sie nickte wieder. Sven puffte sie. „Ja!", sagte sie.

„Mach die Augen zu und streck deine Hände geöffnet nach vorne."

Während sie mit geschlossenen Augen dastand, hörte sie die Jungen tuscheln. Dann wurde etwas Schweres, Kaltes in ihre Hände gelegt. Es war so schwer, dass sie es beinahe fallen gelassen hätte. Sie zitterte vor Anstrengung.

„Augen auf!", kommandierte Tobias.

Es waren Steine. In jeder Hand einer. Große, runde Steine. Sie starrte darauf, ohne zu verstehen, was sie machen sollte.

Tobias zeigte mit dem Finger auf die Scheinwerfer in der Ferne. „Sobald du einen siehst, zählst du bis 20. Dann wirfst du den Stein."

Kristina schaute ihn ungläubig an. „Auf das Auto? Ich soll den Stein …"

„Natürlich nicht. Du wirfst den Stein auf die Straße. Vor das Auto. Es kann nichts passieren."

„Aber …"

„Wenn du richtig zählst, nicht zu langsam und nicht zu schnell, dann kann nichts passieren. Es ist eine Frage der Nerven. Wer das nicht bringt, kann nicht bei uns bleiben. Wir haben es alle gemacht."

Kristina stand da wie betäubt. Sie wusste, dass sie im Begriff war, etwas Furchtbares zu tun. Steine … Autos … Tobias … In Kristinas Kopf ging alles durcheinander.

„Was ist jetzt? Traust du dich? Na los, es ist doch nur eine Mutprobe." Sven rüttelte an ihrem Arm.

Kristina rührte sich immer noch nicht.

„Sie hat Schiss. Wusste ich's doch!" Das war wieder Sven. „Wenn es drauf ankommt, kneifen sie immer. Typisch Mädchen."

Kristina sah, wie enttäuscht Tobias war.

„Schade", sagte er leise. Er drehte sich zu Patrick und Sven um. „Lasst uns gehen."

Da fiel der erste Stein. Kristina hatte ihn geworfen, ohne hinzusehen. Er sauste auf die Straße und rollte von da ins Gras.

„Gut gemacht!" Die Jungen standen jetzt neben Kristina. Tobias strahlte sie an. Sie hatte es getan!

„Aber das nächste Mal musst du zählen."

Die folgenden zwei Autos ließ Kristina durchfahren. Sie hatte vor Aufregung das Zählen vergessen.

„Da kommt eins!", rief Patrick. „Los! Eins, zwei …"

„Drei … vier … fünf … sechs … sieben … acht … neun … zehn … elf … zwölf … dreizehn … vierzehn …" Kristina verschluckte sich und hustete. Vor ihren Augen begann alles zu verschwimmen. „Fünfzehn … sechzehn … siebzehn …"

„Werfen! Los, wirf ihn!", schrie Tobias.

„Achtzehn … neunzehn … zwanzig."

Der Stein flog. Genau eine Sekunde zu spät. Das Auto war so nah herangekommen, dass er nicht auf die Straße, sondern auf die Motorhaube prallte.

Bremsen quietschten. Kristina sah mit Entsetzen, wie sich das Auto drehte und in den Graben fuhr. Es kippte zur Seite und blieb dort liegen.

„Los, weg hier!", schrie Tobias und packte sie am Arm. Kristina rührte sich nicht. Wie festgewachsen stand sie da.

Die Jungen rannten los.

Weitere Autos hielten an. Kristina sah einen Mann, der aufgeregt in sein Handy sprach. Menschen liefen hin und her. Sie riefen und schrien durcheinander.

Sie stand immer noch da, als eine Viertelstunde später der Krankenwagen kam.

Ärzte sprangen heraus und rannten zu dem verunglückten Auto. Kristina kletterte die Böschung hinunter und folgte ihnen. Eine Frau stand neben dem Auto und weinte. Die Sanitäter hatten inzwischen ein Mädchen aus dem Auto befreit und auf eine Bahre gelegt. Ein Arzt kniete neben ihm.

Kristina ging näher heran. Niemand beachtete sie. Das Mädchen war etwa so alt wie sie selbst. Es lag bleich und mit geschlossenen Augen auf der Trage. An der Stirn blutete es.

„Ist sie … tot?"

Der Arzt schaute zu ihr auf. „Nein, zum Glück nicht. Aber viel hat nicht gefehlt. Sie hat eine Gehirnerschütterung und das eine Bein scheint gebrochen zu sein. Ist das deine Schwester?"

Kristina schüttelte den Kopf. Sie wartete, bis das Mädchen im Krankenwagen davongefahren wurde. Auch die anderen Autos fuhren weiter.

Kristina kletterte die Böschung hoch. Oben warteten die Jungen. Sie waren zurückgelaufen, als Kristina nicht nachgekommen war.

„Wo warst du so lange?" Tobias nahm ihren Arm und drückte ihn. „Ich hab mir echt schon Sorgen gemacht."

Sven klopfte ihr begeistert auf den Rücken. „Mutprobe bestanden! Willkommen in der Bande."

Die Jungen fragten nicht, was mit dem Mädchen passiert war. Selbst Tobias interessierte das nicht. Für sie zählte nur, dass Kristina den Stein geworfen hatte. Dabei hätte das Mädchen tot sein können.

„Komm, wir gehen noch zu dir. Feiern!" Sven war nicht zu bremsen.

Kristina schüttelte nur den Kopf. „Ich bin müde. Ich will schlafen."

Etwas enttäuscht sahen sich die Jungen an.

„Na ja", meinte Tobias. „Das war wohl etwas viel für dich. Das Feiern holen wir morgen nach."

Kristina nickte. In ihrem Kopf ging alles durcheinander. Warum hatte sie den Stein bloß geworfen? Mutprobe bestanden? Komm, wir feiern? Was denn? Dass das Mädchen noch lebte und nur eine Gehirnerschütterung und ein kaputtes Bein hatte? Ja, das konnte man wirklich feiern! Prost!

10

Als Kristina im Bett lag, konnte sie lange nicht einschlafen. Sonst lag sie oft noch wach und dachte darüber nach, was sie mit Tobias, Sven und Patrick erlebt hatte. Aber heute waren die drei wie ausgelöscht.

In ihrem Kopf gab es nur noch Bilder von dem Stein, dem Auto, das in den Graben fuhr, und dem Mädchen, das wie tot auf der Trage lag.

Am nächsten Morgen trödelte Kristina beim Frühstück, beim Waschen und beim Anziehen. Auch auf dem Weg zur Schule ging sie langsam. Vor der Schule wartete sie hinter einem Busch, bis es zum zweiten Mal klingelte. Als sie dann durch die Gänge lief, waren die meisten Schüler schon in ihren Klassen. Niemand hielt sie auf.

Vor der Pause erzählte sie ihrer Lehrerin etwas von Bauchschmerzen, was auch nicht gelogen war. Deshalb durfte sie in der Klasse bleiben. Der eigentliche Grund aber war: Sie wollte Tobias und seiner Bande auf gar keinen Fall begegnen.

Gestern Nacht war in ihr etwas kaputtgegangen.

Nach der vierten Stunde schickte der Klassenlehrer Kristina nach Hause. „Du bist so blass, Kind", sagte er besorgt. „Schaffst du es alleine oder soll dich vielleicht besser jemand begleiten?"

Kristina schüttelte den Kopf. Sie ging wie im Traum durch die Straßen nach Hause und legte sich dort gleich auf ihr Bett.

Ihre Mutter, die noch nicht bei der Arbeit war, kochte ihr Tee. „Soll ich mir freinehmen?", fragte sie besorgt.

Kristina schüttelte den Kopf. Sie wusste, dass die Mutter sich gar nicht freinehmen konnte. In ihrem Job durfte sie nicht einfach so Urlaub nehmen. Es war eine Arbeit ohne Vertrag, wo einem jederzeit gekündigt werden konnte.

Kristina lag im Bett, machte kurz die Augen zu und starrte dann an die Decke. Egal, wo sie hinsah, überall blickte sie in das blasse Gesicht des Mädchens. Wie sie wohl hieß? Ob sie in der Nähe wohnte?

Am Nachmittag klingelte es. Das waren bestimmt Tobias und seine Freunde. Kristina drehte sich um und zog sich die Bettdecke über den Kopf. So hörte sie ihr Handy nicht – und auch nicht, wie jemand gegen die Tür hämmerte, wie Schritte die Treppe hinunterpolterten und die Haustür zuschlug.

Auch am nächsten Tag blieb Kristina zu Hause. Sie hatte in der Nacht hohes Fieber bekommen und fühlte sich noch sehr schwach.

Sie frühstückte mit ihrer Mom, die ihr aus der Zeitung vorlas.

„Jetzt hör dir das bloß an!", rief die Mutter auf einmal empört. *„Steinbande schlägt wieder zu! Schon wieder haben unbekannte Täter von der Autobahnbrücke Steine auf die Fahrbahn geworfen. Und diesmal gab es sogar Verletzte. Eine Frau hat die Kontrolle über ihren Wagen verloren. Ihre Tochter liegt noch im Allgemeinen Krankenhaus.* – Zwölf Jahre ist sie. So alt wie du. Nicht zu fassen! Wer macht nur so etwas? Das sind doch richtige Verbrecher! Na, ich hoffe, die Polizei erwischt sie. Und dann ab ins Gefängnis mit ihnen. Die dürfen doch nicht frei rumlaufen!"

Die Mutter konnte sich nicht beruhigen und so fiel es ihr gar nicht auf, dass Kristina abwechselnd rot und blass wurde und in ihre Kakaotasse starrte.

Sie war froh, als ihre Mutter zur Arbeit fuhr. Dann nahm sie die Zeitung und las den Artikel noch einmal durch. Nach kurzem Suchen im Stadtplan fand sie das Krankenhaus und auch die Buslinie, mit der sie fahren musste.

Das Krankenhaus war viel größer, als sie es sich vorgestellt hatte. Sie lief durch lange Gänge und Treppenhäuser. Schließlich, als sie den Tränen nahe war, nahm sie allen Mut zusammen und sprach eine Schwester an: „Entschuldigen Sie bitte, ich will meine … meine Schwester besuchen. Sie hatte einen Unfall. Auf der Autobahn."

„Ach, du meinst die kleine Sandra? Na, die hat Glück gehabt. Warst du auch im Auto?"

„Nee … nein, also …" Kristina wurde rot und wusste nicht, was sie sagen sollte.

„Da hast du noch mehr Glück gehabt. Ich frage mich nur, wer so etwas macht."

Kristina schwieg. Vielleicht war es keine gute Idee gewesen, hierherzukommen. Aber jetzt war es zu spät. Sie standen vor dem Zimmer von Sandra.

„So, hier ist es. Muntere sie ein bisschen auf. Du weißt ja sicher, dass sie noch lange warten muss, bis sie wieder richtig laufen kann. Und das macht sie sehr traurig."

Kristina öffnete langsam die Tür. Sie hatte ein wenig Angst. Was würde das Mädchen wohl sagen?

Zögernd betrat sie den Raum. Sie sah ein Gipsbein, das an einer Art Galgen befestigt war. Dahinter tauchte ein angestrengtes Gesicht auf. Vergeblich angelte das Mädchen mit einem Arm nach einem Comic, der auf dem Boden lag.

Kristina bückte sich. „Bitte sehr!", sagte sie und gab dem Mädchen das Heft.

„Danke!"

„Kein Problem!"

„Na toll! Für mich schon." Das Mädchen schaute sie an. „Blödes Bein! Hast du schon mal so gelegen?"

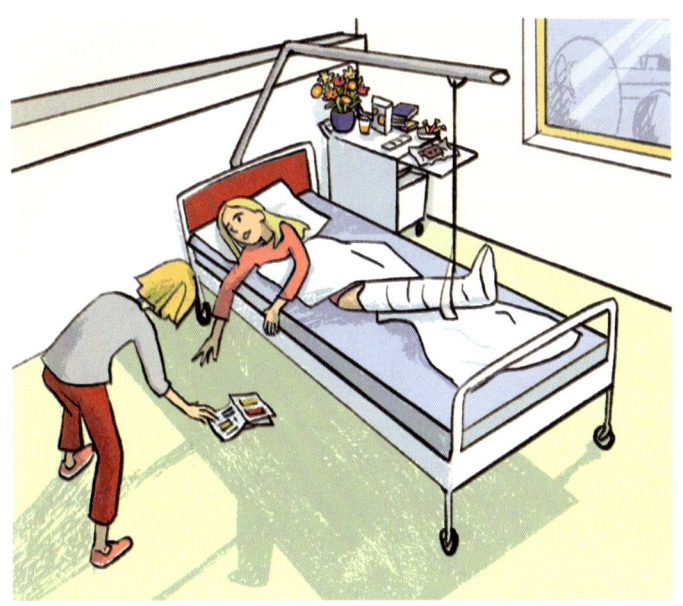

Kristina schüttelte den Kopf. „Tut es weh?"

„Nö! Aber ich kann nicht mehr liegen. Und es ist langweilig – den ganzen Tag im Bett! Ab morgen kommt so eine Art Lehrer, der nur die kranken Kinder hier unterrichtet. Kannst du dir vorstellen, dass ich mich aufs Lernen freue? Tu ich aber. Es ist dann wenigstens nicht mehr so langweilig."

Kristina ging es gar nicht gut. Jemandem, der sich auf einen Lehrer freute, musste es schon richtig schlecht gehen. Warum hatte sie bloß den Stein geworfen?

„Dieser blöde Gips muss noch vier Wochen dran-
bleiben. Vier Wochen!", erzählte das Mädchen. „Bis
dahin bin ich tot vor Langeweile."

Jedes ihrer Worte war wie ein Stich mit einer spit-
zen Nadel in Kristinas Bauch. Es war ihre Schuld,
dass das Mädchen so dalag. Immerhin schien sie sich
zu freuen, dass Kristina sie besuchte.

„Warum bist du im Krankenhaus?", fragte Sandra
auf einmal.

Weil ich dich besuchen will, rutschte es Kristina
fast heraus. Sie stammelte: „Im Bauch … Ich hab
Schmerzen im Bauch." Und das stimmte sogar.

Die Ärzte kamen und Kristina wurde rausgeschickt.

„Kommst du morgen wieder?", rief das Mädchen
ihr nach.

„Ja, morgen", versprach Kristina und lief über die
Gänge nach draußen.

Als Kristina nach Hause kam, saß Tobias auf der
Treppe vor der Tür. „Ich dachte, du bist krank. Warst
du beim Arzt?"

Kristina nickte. Im Krankenhaus gab es ja schließlich viele Ärzte. Sie schloss die Tür auf. Tobias folgte
ihr hinein.

„Ich hab gestern bei dir geklingelt. Du warst nicht
da. Ans Handy gehst du auch nicht."

Kristina goss schweigend Cola in zwei Gläser und gab ihm eins. „Ich war da. Aber mir ging es nicht so gut."

Tobias setzte sich auf den Sessel, auf dem er immer saß, und trank schweigend seine Cola. „Was ist los mit dir?"

Kristina schwieg. Wie sollte sie ihm das erklären? Dann fiel ihr die Zeitung ein. Sie holte sie aus der Küche und zeigte ihm den Artikel über die Steinewerfer. Tobias brauchte lange, bis er ihn gelesen hatte. Danach sagte er eine Weile lang gar nichts. Schließlich räusperte er sich und meinte: „Es war einfach Pech. Ich meine … wir haben das schon oft gemacht und es ist nie was passiert. Du hast zu lange gewartet. Das nächste Mal …"

„Nein!" Kristina stellte ihr Colaglas so heftig auf den Tisch, dass es zerbrach. Die Scherben flogen in alle Richtungen – auf den Boden, den Sessel, das Sofa.

Tobias sprang erschrocken auf. „Ist ja gut! Du hast einen Schock gekriegt. Das wird schon wieder."

Er half ihr, die Scherben aufzufegen. Danach verabschiedete er sich schnell.

„Wenn es dir wieder besser geht, sag einfach Bescheid." Er legte seine Hand auf Kristinas Wange und streichelte sie. „Es tut mir leid. Ich wollte nicht, dass dir so etwas passiert."

Kristina stand noch lange da, als er schon verschwunden war. Tobias tat so, als hätte sie eine schwere Krankheit, die vorüberging. War sie wirklich krank, weil sie Tag und Nacht von Gewissensbissen gequält wurde?

Oder stimmte bei Tobias etwas nicht? Eigentlich musste doch jetzt auch er begriffen haben, wie unverantwortlich diese Aktionen waren.

Wie immer, wenn sie ein Problem hatte, holte sie Sina aus dem Käfig und spielte mit ihr. Aber lösen konnte die das Problem auch nicht.

Am nächsten Tag, direkt nach der Schule, fuhr Kristina wieder zum Krankenhaus. Diesmal fand sie das Zimmer von Sandra schnell.

Sandra strahlte, als Kristina ins Zimmer kam. „Ich dachte, du kommst nicht mehr! Wieso bist du heute so spät?"

„Ich musste zur Schule."

„Zur Schule? Ich dachte, du bist auch krank." Sandra schaute erstaunt. Kristinas Schultasche bemerkte sie erst jetzt.

„Ich … also … ich war krank!", stotterte Kristina. „Jetzt bin ich wieder gesund."

„Wenn das bei mir doch auch so schnell ginge."

Kristina blieb den ganzen Nachmittag. Sogar ihre Hausaufgaben machten sie gemeinsam.

Am folgenden Tag brachte sie Sina mit. Sandra und Sina mochten sich auf den ersten Blick. Sie hatten viel Spaß, vor allem, als ganz plötzlich ein Arzt und eine Krankenschwester hereinkamen.

Sina huschte unter das Bett. Kristina platzte beinahe vor Lachen, als sie sah, wie die Ratte ihre spitze Schnauze hinter dem Schuh des Arztes hervorstreckte und anfing daran zu knabbern. Der aber war zu sehr in seine Akte vertieft, um Sina zu bemerken.

Sandra kicherte vergnügt.

„Schade, dass es dich nicht auf Rezept gibt." Der Arzt legte Kristina eine Hand auf die Schulter. „Dann wären meine Patienten im Handumdrehen wieder auf den Beinen."

Sooft sie konnte, fuhr Kristina nach der Schule ins Krankenhaus. Einmal aber lachte Sandra nicht wie sonst, als Kristina die Tür öffnete. „Heute hätte ich Bezirksmeisterschaften gehabt. Im Kunstturnen. Ich hätte sogar gewinnen können." Sandra seufzte. „Ich weiß nicht mal, ob ich jemals wieder turnen kann."

Kristina saß neben ihr mit Tränen in den Augen.

Eines Nachmittags kam Sandras Mutter überraschend herein.

„Schön, dich endlich mal kennenzulernen", sagte sie und legte den Arm um Kristina. „Sandra erzählt jeden Tag von dir. Ich bin dir so dankbar, dass du kommst. Ohne dich wäre Sandra bestimmt nur deprimiert."

Kristina konnte die lobenden Worte kaum ertragen. Schließlich war es ihre Schuld, dass Sandra hier lag und vielleicht nie wieder turnen konnte.

An diesem Tag verabschiedete sie sich schnell. „Ich muss noch für Mathe lernen", sagte sie. Und das war gar nicht einmal gelogen, denn für Mathe musste sie eigentlich immer lernen.

Sandras Mutter drückte ihr ganz fest die Hand. „Ich hoffe, du wirst Sandra noch oft besuchen …"

„Klar kommt sie!", unterbrach Sandra sie und strahlte Kristina an. „Wir sind doch Freundinnen, oder?"

Kristina nickte und rannte schnell aus dem Zimmer. Niemand sollte sehen, dass sie weinte.

Es regnete in Strömen. Kristina war froh, als sie zu Hause war. Kaum hatte sie trockene Kleidung angezogen, da klingelte es.

Tobias und seine Bande standen vor der Tür. Sie tropften vor Nässe.

„Ein Glück, dass du da bist!", sagte Tobias und nieste. „Scheißwetter."

Ehe Kristina protestieren konnte, drängelten sich die drei Jungen schon in den Flur und ins Wohnzimmer. Gläser, Colaflaschen, Chips – im Nu stand alles auf dem Tisch. Sie lachten und redeten durcheinander. Es war ein bisschen so wie in den Wochen vor der Mutprobe.

Die Jungen bestanden darauf, jetzt endlich mit Kristina anzustoßen. Bislang hatte es dafür keine Gelegenheit gegeben. Und sie hatte die Probe doch bestanden. Das musste schließlich gefeiert werden. „Willkommen im Klub!"

Kristina lachte mit ihnen wie früher. Aber das war nur äußerlich. Alle glaubten, sie gehöre jetzt richtig dazu. Sie jedoch merkte immer deutlicher, dass sich etwas Entscheidendes geändert hatte.

Sie hätte die Bande am liebsten aus der Wohnung geworfen, aber das traute sie sich nicht. Und irgendwie hätte sie auch ein schlechtes Gefühl dabei gehabt. Niemand hatte sie gezwungen, die Mutprobe zu machen. Sie hatte es so gewollt, weil sie die anderen auf keinen Fall verlieren wollte. Und sie hätte alles getan, um das zu erreichen.

Tobias sollte ihr Freund bleiben, aber sie wollte auch mit Sandra zusammen sein.

Sie konnte Sandra wohl kaum von ihren Unternehmungen mit Tobias erzählen. Und Tobias würde ausflippen, wenn er von Sandra erfuhr. Er hätte bestimmt immer Angst, dass Sandra eines Tages von der

Geschichte mit den Steinwürfen Wind bekommen und dann alles verraten würde.

In Kristinas Kopf brummte es, aber sie hatte keine Idee, wie sie aus der Sache herauskommen konnte. Wenn sie gewusst hätte, was Tobias vorhatte, hätte sie sich wohl weniger Sorgen gemacht.

Tobias spürte nämlich sehr wohl, dass Kristina irgendwie anders war, und er merkte auch, dass sie nachmittags oft nicht zu Hause war. Als sie am nächsten Tag in den Bus stieg, folgte er ihr bis zum Krankenhaus. Dann schlich er ihr über die Gänge nach und stand schließlich vor der Zimmertür, hinter der Kristina verschwunden war.

Neugierig las er den Namen neben der Tür: *Sandra Schneider*. Kam ihm irgendwie bekannt vor. Wahrscheinlich ein Mädchen aus Kristinas Klasse.

Erst als er an der Bushaltestelle auf seinen Bus zurück nach Hause wartete, fiel ihm ein, woher er den Namen kannte: aus der Zeitung, die Kristina ihm gezeigt hatte. Sandra S., das Mädchen von der Autobahn!

Tobias war sehr nachdenklich, als er an diesem Nachmittag nach Hause fuhr.

11

Dann wurde Sandra nach Hause entlassen. Auch dort besuchte Kristina sie – jeden zweiten Tag. Montags, mittwochs und freitags war sie bei Sandra, dienstags und donnerstags kamen Tobias und seine Freunde zu ihr.

Tobias war zwar etwas enttäuscht, dass sie nur noch zwei Tage in der Woche Zeit hatte, zeigte aber doch mehr Verständnis, als Kristina erwartet hatte. Immerhin zog sie manchmal abends mit den Jungen durch die Siedlung.

Wenn Kristina bei Sandra war, machten sie zuerst Hausaufgaben, weil Sandra immer noch nicht zur Schule durfte und vieles nachholen musste. Kristina lernte mit ihr und brachte ihre eigenen Aufgaben mit.

So kam es, dass Kristina wenigstens an drei Tagen in der Woche ihre Hausaufgaben machte. Zu zweit war es auch gar nicht so furchtbar wie sonst, wenn sie allein zu Hause saß.

Die Zeugnisse rückten immer näher und Kristina, die sich eigentlich schon aufgegeben hatte, fing an zu hoffen, es könnte vielleicht doch noch mit der Versetzung klappen.

Eines Nachmittags, als sie gerade mit den Aufgaben fertig waren, kam Sandras Mutter nach Hause.

Sie hatte Kuchen mitgebracht, und als sie zu dritt beisammensaßen, sagte sie auf einmal: „Ich hab in den letzten Tagen mal nach Ferienwohnungen Ausschau gehalten, die noch frei sind. Was machst du eigentlich in den großen Ferien?"

Kristina zuckte mit den Schultern. „Keine Ahnung. Aber sicher nicht verreisen. Dafür hat meine Mom kein Geld."

„Hast du nicht Lust, mit uns zu kommen? Irgendwo nach Dänemark ans Meer. Dann ist Sandra auch nicht so alleine."

Während Kristina sie noch sprachlos anstarrte, kreischte Sandra begeistert auf.

„Wenn du Lust hast, spreche ich mit deiner Mutter und …" Kristina schaute sie so entsetzt an, dass Sandras Mutter mitten im Satz abbrach. „Was ist los?"

„Sie weiß nicht, dass ich hier bin. Sie weiß überhaupt nicht, dass ich nicht zu Hause bin. Und das darf sie auch nie erfahren", sprudelte es aus Kristina heraus.

Wie sollte sie ihrer Mutter denn bloß erklären, dass sie fast jeden Nachmittag gegen ihr ausdrückliches Verbot die Wohnung verlassen hatte?

„Warum hast du ihr nichts gesagt?", wollte Sandras Mutter wissen. „Ich meine, sie muss doch stolz auf dich sein. Welches Mädchen in deinem Alter besucht schon ein wildfremdes Kind, um es aufzumuntern? Und das über Wochen. Wenn du meine Tochter wärst, wäre ich sehr stolz auf dich."

Kristina blieb der Kuchen im Hals stecken. Ihr war richtig schlecht. Das viele Lob hatte sie nicht verdient. Auf sie konnte man nicht stolz sein.

Und wenn Sandras Mutter gewusst hätte, dass sie an dem Unfall schuld war, dann hätte sie sie nicht in den Urlaub eingeladen, sondern aus der Wohnung geworfen. Und sie hätte recht gehabt.

Aber Sandras Mutter ließ nicht locker. Schließlich erzählte Kristina, dass sie die Wohnung nicht verlassen durfte, weil die Mutter Angst um sie hatte. Frau Schneider sagte daraufhin gar nichts. Wenn Kristina das alles nicht so peinlich gewesen wäre, hätte sie sicher gemerkt, dass Sandras Mutter irgendetwas plante.

Als Kristina zwei Tage später aus der Schule kam, saß ihre Mom mit Sandras Mutter im Wohnzimmer. Kristinas Mutter hatte rote Augen, sie hatte wohl geweint. Aber als sie Kristina sah, nahm sie sie nur in den Arm und drückte sie ganz fest.

Kristina schaute verblüfft Sandras Mutter an, die ihr zuzwinkerte. War sie eine Zauberin? Was hatte sie gesagt, dass ihre Mutter nicht einmal schimpfte?

Vielleicht würde sie das tun, wenn sie wieder allein waren. Aber auch dann sagte ihre Mom nur: „Ich bin ein wenig traurig, weil du mich nicht gefragt hast. Ich hätte es dir erlaubt. Schließlich hast du etwas wirklich Gutes getan. Sandras Mutter ist dir so dankbar. Ich bin stolz auf dich. Es war sicher nicht gut, dich hier alleine einzusperren. Frau Schneider meinte, ihr könntet mittags zusammen essen und dann eure Hausaufgaben machen. So wie bisher."

Kristina hätte jetzt sehr froh sein müssen. Sie durfte nachmittags bei ihrer Freundin sein. Sie würde in den Ferien mit ihr nach Dänemark ans Meer fahren. Und jetzt, wo der Sommer kam, würden Tobias und seine Freunde gar nicht mehr so oft die Wohnung brauchen. Wenn es warm war, konnten sie in den Park gehen.

Alle Probleme hatten sich von selbst gelöst. Warum konnte sie sich dann bloß nicht richtig freuen?

Kurz vor den Sommerferien kam Sandras Vater zurück. Er hatte monatelang auf einer Baustelle im Ausland gearbeitet. An einem Sonntagabend waren Kristina und ihre Mutter zu einem Grillfest bei Sandras Familie eingeladen.

Herr Schneider hatte auch ein Geschenk für Kristina mitgebracht: eine Kette mit einer Perle.

„Als kleinen Dank dafür, dass du dich um Sandra gekümmert hast. Ohne dich wäre sie wohl nicht so schnell gesund geworden." Er hob sein Glas und prostete Kristina zu.

Kristina sah in die Gesichter, die sie anschauten: Sandra, ihre Eltern, ihre eigene Mutter. Sie alle hielten sie für etwas Besonderes.

Aber das war sie nicht. Ohne sie wäre Sandra gar nicht erst verunglückt. Wenn sie nicht gewesen wäre, hätte Sandra vielleicht sogar die Meisterschaft gewonnen. Jetzt aber wusste niemand, ob sie überhaupt jemals wieder auf einem Schwebebalken stehen konnte. Das war die Wahrheit.

Wer den Stein von der Brücke geworfen hat, ist ein Verbrecher und gehört eingesperrt. So dachten sie alle. Und jetzt war der Moment gekommen, es ihnen zu sagen.

Alles würde zerbrechen. Sie würde Sandra verlieren, die Mutter … Alles würde kaputtgehen.

Musste sie es wirklich erzählen? Es wusste ja niemand davon außer Tobias und seinen Freunden – und die würden sich eher die Zunge abbeißen, als etwas zu verraten.

Tobias hatte gesagt: „Es war einfach Pech. Das wird schon wieder." Warum konnte sie nicht einfach vergessen, was geschehen war?

„Es war meine Schuld", sagte Kristina. Sie war auf einmal ganz ruhig. Sie wusste jetzt, warum sie sich nicht hatte freuen können. Das wichtigste Problem war nicht gelöst.

Alle starrten sie verwundert an.

„Ich habe den Stein geworfen. Von der Autobahnbrücke. Es ist alles meine Schuld."

Schweigen. Dann sagte Sandras Mutter: „Kind, was redest du da? Ist dir nicht gut?"

„Vielleicht hat sie Fieber." Kristinas Mutter legte ihr die Hand auf die Stirn, aber Kristina wischte sie mit einer Bewegung beiseite.

Und dann brach die ganze Geschichte aus ihr heraus. Sie erzählte alles, von Anfang an. Nur die Namen ihrer Freunde nannte sie nicht.

Alle starrten sie an. Zuerst ungläubig, aber nach und nach kam der Moment, in dem ihnen bewusst wurde, dass es kein Albtraum war, von dem Kristina erzählte, sondern dass es sich genau so abgespielt hatte. Entsetzte Blicke trafen Kristina. Es war Kristina, die den Stein geworfen hatte! Es war Kristina, die an allem schuld war!

Als sie geendet hatte, war es still. Nur das leise Weinen ihrer Mom war zu hören.

Sandra sah sie an. „Das stimmt nicht. Das hast du dir ausgedacht."

Kristina schüttelte den Kopf. Dann ging sie aus dem Garten auf die Straße. Niemand hielt sie zurück.

Zu Hause angekommen, packte sie ihren Rucksack, holte sich ihren Schlafsack aus dem Schrank und verließ die Wohnung wieder.

Sie lief über den Spielplatz zum Bauhausplatz. Sie rüttelte an den Türen der Hütten. Eine ließ sich sofort öffnen. Sie ging hinein, breitete ihren Schlafsack aus und rollte sich hinein.

Sie machte die Augen zu. Sie war auf einmal so müde. Selbst der Gedanke an die Spinnen, die bestimmt auch in dieser Hütte wohnten, machte ihr nichts mehr aus. Es gab Schlimmeres als große Spinnen: die entsetzten Augen ihrer Mutter, die Enttäuschung in Sandras Gesicht …

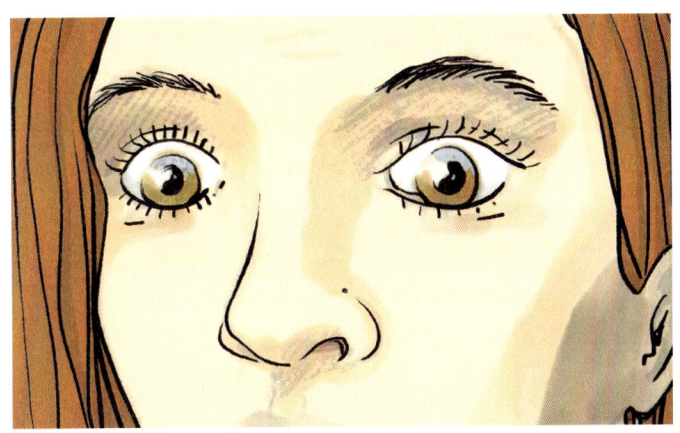

Am nächsten Morgen wachte Kristina auf, als jemand versuchte die Tür zu öffnen. Regungslos, mit angehaltenem Atem blieb sie liegen.

Die Tür ging auf, herein kam … Jonas!

Als er Kristina sah, zuckte er genauso erschrocken zurück wie sie. Für einen Moment starrten sie sich wortlos an.

„Ich suche meine Uhr. Hab ich gestern Abend hier verloren", sagte Jonas schließlich. „Du hast sie nicht zufällig gesehen?"

Kristina schüttelte stumm den Kopf.

„Was machst du hier?" Er sah ihren Schlafsack und gab sich die Antwort selbst. „Abgehauen von zu Hause?"

Kristina nickte.

„Kenn ich. Hab ich auch schon gemacht." Er setzte sich neben sie auf den Boden. „Und was hast du jetzt vor?"

Kristina zuckte mit den Schultern. „Ich weiß nicht."

Eine Weile sagte niemand etwas. Dann fing Jonas ganz leise an: „Als ich abgehauen bin, da hab ich mich eine Woche lang versteckt. Im Wald, bei Freunden. Am Ende bin ich dann doch nach Hause zurückgegangen. Es bringt nichts. Wenn du Scheiße gebaut hast, musst du auch dazu stehen. Jeder baut mal

Scheiße, das ist eine Sache – aber feige sein, das ist was anderes."

Als Kristina nichts sagte und ihn nur ansah, fragte er: „Verstehst du, was ich sagen will? Ich bin nicht gut im Erklären."

„Ja", antwortete sie. „Ich verstehe, was du sagen willst."

Jonas half ihr, den Schlafsack zusammenzurollen.

„Viel Glück!", rief er ihr nach, als sie langsam über den Bauhausplatz davonschlich.

Unterwegs traf sie Tobias und seine Freunde, die auf dem Weg zur Schule waren.

Während Tobias nur verwundert ihren Schlafsack betrachtete, meinte Sven: „So sieht man sich wieder. Gehörst du eigentlich noch zu uns? Du hast die Mutprobe doch bestanden! Aber seitdem benimmst du dich echt komisch."

„Ja", sagte Kristina. „Die Mutprobe habe ich bestanden. Gestern."

„Gestern? Du tickst ja nicht richtig." Die Jungen schauten sich an. Sven tippte sich gegen die Stirn.

„Ich hab's gesagt!"

„Was?"

„Dass ich es war mit den Steinen."

Entsetztes Schweigen.

„Du hast uns alle verpetzt?", fragte Patrick dann.

Kristina schüttelte den Kopf. „Ich hab gesagt, es war meine Idee. Hab es im Fernsehen gesehen."

„Und jetzt?"

„Ich weiß nicht, was jetzt passiert. Ich hab Angst, aber ich musste es einfach sagen."

„Und dann verpetzt du uns. Die zeigen dich doch bestimmt an. Wenn die Polizei dich verhört, wirst du mit Sicherheit alles ausspucken."

Kristina schüttelte den Kopf. „Nein, ich sage keine Namen. Aber ihr müsst aufhören. Denkt euch 'ne andere Mutprobe aus. Sandra könnte jetzt tot sein. Und wir wären alle schuld."

„Wieso wir? Du hast nicht richtig gezählt. Das war Pech!" Patrick war echt sauer auf Kristina. Wie konnte sie nur alles so verdrehen?

„Nein, das wäre beinahe Mord gewesen. Und das Auto hätte auch verunglücken können, wenn es nur über einen der Steine gefahren wäre."

„Ich wusste es – du bist im Grunde feige!" Sven schaute sie verächtlich an. „Ich hab's immer gewusst."

„Ja!", sagte Kristina. „Ich bin feige. Weil ich einen Stein geworfen habe. Und weil ich nicht gleich gesagt habe, dass ich es war." Mit diesen Worten drehte sie sich um und ging davon.

Sven starrte ihr sprachlos nach. Dann fing er an zu schimpfen: „Die spinnt total! Mutig, feige, bei der

geht doch alles durcheinander. Wir müssen uns 'ne neue Mutprobe ausdenken? Wieso denn?"

Schweigen.

„Weil sie recht hat", sagte Tobias auf einmal.

„Hey, Boss. Spinnst du jetzt auch?" Sven schaute seinen Freund an, der ihm offensichtlich gar nicht zuhörte. „Tobias! Huhu!"

„Gestern!", murmelte Tobias. „Sie hat recht. Erst gestern." Er warf Sven einen kurzen Blick zu. Dann lief er hinter Kristina her, während seine Freunde ihm verständnislos nachschauten.

„Zu viel in der Sonne gelegen!", meinte Sven und tippte sich erneut gegen die Stirn. „Ich fürchte, wir müssen uns einen neuen Boss suchen." Bei diesen Worten grinste er zufrieden vor sich hin.

Leseprobe aus:

Carolin Philipps,
Fledermäuse beißen nicht

Schulausgabe erschienen im
Hase und Igel Verlag, München
ISBN 978-3-86760-090-3
Begleitmaterial für Lehrkräfte
ISBN 978-3-86760-390-4

Hausaufgaben waren nicht gerade Moritz' Lieblingsbe-
schäftigung. Aber er hatte gelernt, dass es besser war, sie zu
machen, als einen Streit mit seiner Mutter zu riskieren. An
diesem Abend suchte er nach seinem Aufgabenheft, das
sich offenbar in Luft aufgelöst hatte. Er wusste genau, dass
er es in sein Matheheft gelegt hatte.

Moritz ärgerte sich. Jetzt hatte er schon eine Viertelstunde mit der Suche verbracht und noch nicht eine Aufgabe
erledigt. Schließlich kippte er den Inhalt seiner Schultasche
auf den Teppich und stocherte wütend in dem Chaos aus
Heften, Büchern und Mappen herum. Bioheft, Mathe-
buch, Vokabelheft … alles da, nur kein Aufgabenheft.

In diesem Moment kam Maik ins Zimmer. Moritz traute seinen Augen nicht: In der Hand hielt sein Bruder das
vermisste Aufgabenheft!

Maik betrachtete das Chaos auf dem Boden und fragte
erstaunt: „Was machst du denn hier?"

Moritz platzte fast vor Wut. „Ja, was wohl? Was machst
du mit meinem Aufgabenheft? Hast du meine Matheauf-
gaben gemacht?"

Maik schüttelte den Kopf. „Das Heft? Ja, also … das hab ich auf der Treppe gefunden. Ist dir wohl aus der Schultasche gefallen."

Moritz schaute seinen Bruder verwundert an. Aus der Schultasche gefallen? Auf der Treppe? Seine Tasche hatte er erst hier im Zimmer geöffnet. Also musste Maik sein Heft aus der Tasche geholt haben. Aber warum?

„Moritz! Bist du mit den Hausaufgaben fertig?" Seine Mutter kam ins Zimmer. „Du liebe Güte! Wie sieht es denn hier aus?"

„Maik hatte mein Aufgabenheft."

„Ich hab's auf der Treppe gefunden! Und dann ist das hier rausgefallen. Habt ihr euch die Namen mal genau angesehen?" Er hielt eine Liste mit Namen hoch.

„Meine Klassenliste?", fragte Moritz. „Suchst du 'ne neue Freundin? Aus meiner Klasse? Bisschen jung für dich, oder?" Moritz musste kichern. „Ich empfehle dir Marie. Oder Beate, die ist nicht so frech."

„Blödmann!" Maik war verlegen. Er hielt die linke Hand, in der sich ein zweites Blatt Papier befand, hinter seinem Rücken versteckt.

Aber Moritz, der glaubte, sein Bruder hätte eine Seite aus dem Heft genommen, riss ihm das Blatt aus der Hand. Es war eine Liste mit Namen, die Maik offenbar von der Klassenliste abgeschrieben hatte. Erstaunt las Moritz vor: „Hamid Özgen, Paula Wieszniewsky …"

Die Mutter nahm Moritz die Liste aus der Hand und las weiter: „Mikal Kraszkiewicz, Diana Baclawski, David Agyekum … Was willst du mit diesen Namen, Maik?"

„Das ist meine Sache", sagte Maik mit Nachdruck und wollte der Mutter das Papier wieder wegnehmen.

„Erst wirst du mir sagen, warum du die Namen von Moritz' Klassenliste abgeschrieben hast. Warum diese und nicht Lukas Schröder oder Julia Hartmann?"

„Ja, warum wohl nicht?", fragte Maik wütend. „Hast du eigentlich gewusst, dass von den 25 Kindern in Moritz' Klasse 14 ausländische Namen haben?"

Die Mutter nickte. „Sicher doch. Und die meisten Mütter oder Väter mit den ausländischen Namen kenne ich von den Elternabenden und vom Elternstammtisch."

„Machst du dir keine Gedanken, wie Moritz in der Schule etwas lernen soll, wenn die Hälfte seiner Mitschüler nicht richtig Deutsch spricht?"

Die Mutter lachte. „Woher willst du wissen, wie gut sie Deutsch sprechen? Weil sie ausländische Namen haben? Das sagt gar nichts. Paula zum Beispiel ist hier geboren und ihre Mutter spricht so gut Deutsch wie du und ich."

„Und Hamid?"

„Der ist erst ein halbes Jahr hier, aber er spricht jeden Tag etwas besser."

„Ha, aber ich wette, der Lehrer muss ihm alles dreimal erklären, bis der was kapiert. Die Zeit könnte er besser für die deutschen Kinder verwenden."

Moritz tippte mit dem Finger gegen seine Stirn. „Du bist ja total plemplem! Oder? Der spinnt doch, der Maik." Er schaute seine Mutter grinsend an.

Aber die fand die Diskussion gar nicht komisch. Im Gegenteil, sie wirkte auf einmal sehr besorgt. „Sag mal,

Maik: Wie kommst du auf solche Ideen? Steckt Florian dahinter?"

Florian war Maiks bester Freund. Er war bereits 18 Jahre alt, zwei Jahre älter als Maik, aber sie hatten schon im Sandkasten zusammen gespielt. An ihrer Freundschaft hatte sich auch nichts geändert, seit Maik zum Gymnasium in der Stadt fuhr. Florian war an der Dorfschule geblieben und machte seit einem Jahr eine Lehre als Klempner. Maik gehörte nach wie vor zu Florians Clique. Sie sahen sich nachmittags und an den Wochenenden. Auf dem Dorf gab es nicht viele Freizeitmöglichkeiten.

„Immer denkst du, Florian ist schuld", regte sich Maik auf. „Nur weil er nicht aufs Gymnasium geht."

„Du weißt genau, dass das nicht stimmt! Ich mag Florian", sagte die Mutter. „Aber seine Freunde mag ich nicht! Einer von ihnen, Hannes heißt er, glaub ich, hat neulich vor der Schule Flugblätter verteilt."

„Ich weiß, sie bieten den Schülern kostenlosen Nachhilfeunterricht an. Und sie laden sie ein zu Wanderungen am Wochenende mit Lagerfeuer und Grillen. Die kümmern sich um die Kinder und Jugendlichen. Die engagieren sich, das findest du doch sonst immer so toll!", sagte Maik.